不懂管理，
你怎么带团队？

管理是艺术、是谋略、是学问，更是一门技术活！

崔建超　李进军/著

一流老板聚人心，二流老板抓规则，三流老板亲手干
将平庸队伍带成尖刀团队的管理法则

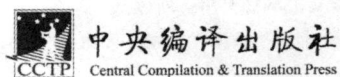

中央编译出版社
Central Compilation & Translation Press

图书在版编目（CIP）数据

不懂管理，你怎么带团队？ / 崔建超著 . —北京：中央编译出版社 , 2014.7
ISBN 978－7－5117－2214－0

Ⅰ.①不… Ⅱ.①崔… Ⅲ.①企业管理 Ⅳ.①F270

中国版本图书馆 CIP 数据核字（2014）第 127192 号

不懂管理，你怎么带团队？

出 版 人：	刘明清
出版统筹：	董　巍
策划编辑：	黄海明
责任编辑：	韩继海
责任印制：	尹　珺
出版发行：	中央编译出版社
地　　址：	北京西城区车公庄大街乙 5 号鸿儒大厦 B 座（100044）
电　　话：	(010) 52612345（总编室）　　(010) 52612313（编辑室）
	(010) 52612316（发行部）　　(010) 52612315（网络销售）
	(010) 52612346（馆配部）　　(010) 66509618（读者服务部）
传　　真：	(010) 66515838
经　　销：	全国新华书店
印　　刷：	北京富达印务有限公司
开　　本：	710 毫米 ×1000 毫米　1/16
字　　数：	175 千字
印　　张：	19
版　　次：	2014 年 7 月第 1 版第 1 次印刷
定　　价：	39.80 元
网　　址：	www.cctphome.com　　邮　箱：cctp@cctphome.com
新浪微博：	@中央编译出版社　　微　信：中央编译出版社（ID：cctphome）

本社常年法律顾问：北京市吴栾赵阎律师事务所律师　闫军　梁勤
凡有印装质量问题，本社负责调换。电话：010-66509618

前 言
PREFACE

IBM前总裁郭士纳说过:"公司是人办的,管理公司就是管人。"人是企业最宝贵的资源,管人用人是企业管理的根本。企业管理重在管人用人,重在通过科学管人营建和谐的企业氛围,通过合理用人打造高效的工作效率。

对于企业来说,任何重大的成功,说到底都是管人用人的成功;任何重大的失败,说到底都是管人用人的失败。科学合理的管人用人制度能够让人才脱颖而出,让企业改变命运,让一群平凡的人创造出一番不平凡的事业。作为中国企业界的教父级人物,联想创始人柳传志对公司经营与管理有着深刻的洞见,他曾经说过这样一句话:"当企业小的时候,一定要身先士卒,但是当公司上了一定规模以后,一定要退下来。要做大事,非得退下来,用人去做。"

可见,管好人、用好人是每一个企业、每一位企业首脑梦寐以求的目标。然而,管人用人并不是一件简单的事情,它是一种艺术、一种文化、一种学问、一种信用、一种绩效、一种责任,更是一门技术活儿。

　　管人是用人的前提，重在谋略，重在通过灵活的谋略调动员工的积极性，激发员工的创造力，从而促进企业的发展。管理人才是对企业首脑管理能力的最大考验，要想成为一名合格的管理者，既需要有才智，又需要有魅力；既需要讲原则，又需要重感情；既要善于在办公室中分析研究问题，得出科学结论，又要善于学习和借鉴别人的实践经验。

　　管理是无情的，你必须下狠心去做，才能在残酷的市场竞争中活下来、挣到钱。为了做好管理，你必须借助更无情的制度，带领大家做事，约束每个人的言行。一套完整、完善的规章制度，是领导管理人才、治理公司的法宝。没有规矩，不成方圆，规矩坏了，也会乱了分寸。一个有经验的领导者，应善于用规则管理你的下属，这样才能使自己的管理更有成效，真正做到奖赏有尺度，做事有分寸。

　　同时，管理过程中还不能忽略了人情与人性化管理。从聚拢人心方面来说，管理者把绝情的制度管理与有情的领导艺术融合在一起，用最彪悍的狼性呼唤最温柔的人性，才是公司管理的王道、大道。

　　事实上，用人是管人的落脚点，重在技巧，重在通过高明的技巧抓住人性的优点，摸透人性的弱点，长短并用，方圆互补，

前 言
PREFACE

从而发挥员工的最大效能。所谓"君子用人如器,各取所长"。企业首脑要量才而用,用全面的、历史的和发展的眼光看待员工,使其各就其位、各得其所。

企业领导、高层和管理者是企业的脊梁、方向标和指挥棒。其学识、谋略、修养对企业管理至关重要。当今世界,市场竞争日趋激烈,科技发展日新月异,人才资源已经成为最重要的战略资源。而企业管理的实质其实就是对人才的管理。因此,现代企业首脑必须掌握管人和用人这两大艺术,懂得科学管人和合理用人。

管人用人的谋略和技巧是企业领导、高层和管理者各方面素质的综合体现。然而,没有人天生就是管理天才,后天的学习对企业首脑非常重要。优秀的企业首脑必须是管人用人智慧的集大成者,既要保证大权在握,对企业具有最高统帅力;又要拥有高超的管理艺术,并能借此充分调动下属的积极性。只凭借个人经验进行企业管理的企业首脑已经越来越赶不上日新月异的经济发展趋势,因此,聚集知名企业家管理智慧为一体的管理书籍就成为了现代企业首脑的得力助手。

本书就是这样一本集知识性、实用性和科学性为一体的经典管理智慧书。它既吸收了中国传统管理技巧中的精华,又借鉴了西方先进的管理经验,运用理论和案例相互辅助的方式,为企业首脑提供了一顿丰盛的管理智慧大餐。

不论你是刚刚接触企业的管理工作，还是在管理岗位风雨飘摇了许多年；不论你已经身价不菲，还是事业刚刚起步，读一读这本书，一定能助你开拓思路、启迪智慧、增长才干，从而在芸芸众生中脱颖而出，在波谲云诡的"管理江湖"乘风破浪。

希望这本书能够成为你管理生涯中的一座桥梁，助你穿过峭壁湍流；一把钥匙，帮你打开智慧之门；一盏明灯，为你的前程增添一份永恒的光芒！

目录
CONTENTS

上篇　给你一个团队，你能怎么管

第一章　三分管人，七分做人
——先管好自己，才能领导别人

1. 管人要先管好自己…004
2. 领导人要身先士卒…005
3. 你的抱怨会带来副作用…007
4. 老板坐下，部下就躺下了…008
5. 企业家精神引来追随者…009
6. 适时完成角色转换…011
7. 绝对的权力，绝对的责任…012

第二章　恩威并施，推拉结合
——"红脸加黑脸"是最有效的管人手段

1. 把赞扬当作一份礼物…016
2. 对害群之马要用些霹雳手段…017
3. 既要唱黑脸，也要唱红脸…018
4. 管理企业要赏罚并用…020
5. 必要的时候放他一马…021
6. 做到有"叛将"无"叛军"…022

第三章 左手权力，右手魅力
——总经理要有"一呼百应"的领袖魅力

1. 领导是实力+魅力的结合体…026
2. 用人格力量感召人…027
3. 老板应不耻下问…028
4. 过硬的心理素质是优势…030
5. 经营好你的"个人形象"…031
6. 小气的领导没吸引力…033
7. 要组织文化，不要老板文化…034

第四章 立威造势，控制有术
——做一个铁腕领导要有强大的气场

1. 新官上任三把火…038
2. 领导要维护自己的权威…039
3. 做一个铁腕人物…040
4. 与下属保持距离…042
5. 喜怒都别放在脸上…043
6. 领导说话要算数…044
7. 不要被喜欢，而要被尊敬…046

第五章 沟通在前，奖惩在后
——学会倾听，管理才会有成效

1. 让员工知道你的期望…050
2. "套"出下属的真心话…051
3. 通过有效沟通联络感情…052
4. 用心听取下属的建议…054
5. 拆掉上下级间的"隔离墙"…055

目 录
CONTENTS

6. 把团队沟通做细做透…057

第六章 照章办事，有法必依
——制度就是用来遵守的

1. 纪律是公司的生命…060
2. 建立严格的岗位责任制度…061
3. 建立组织运行规则…063
4. 用制度约束下属…064
5. 对人的管理应在制度之内…066
6. 人情归人情，事情归事情…067

第七章 培植干将，聚拢人才
——想坐稳江山必须有更多的"自己人"

1. 培养心腹，办事不难…070
2. 面对下属，要有担当…071
3. 用真心换忠心…072
4. 给幕后英雄露脸的机会…074
5. 找到适合当心腹的人才…075
6. 把"刺头"收为"心腹"…077

第八章 以人为本，顺从人性
——"顺毛摸"让倔驴听你指挥

1. 别把员工当机器…080
2. 制度是死的，人是活的…081
3. 管得过严会压抑积极性…082
4. 用柔性管理去"化解"…083

5. 千万不要羞辱人…085
6. 加班不能过于频繁…086
7. 给员工提供宣泄的机会…087

第九章 杀鸡儆猴，清除刺头
——该惩罚就惩罚，该走人就走人

1. 必要的时候动动"刀子"…090
2. 拒绝下属的非分要求…091
3. 给高傲的人来个下马威…092
4. 别给对你不敬的人留情面…094
5. 掌握借力治人的诀窍…095
6. 拔掉团队中的"软钉子"…096
7. 千万别触犯众怒…097

第十章 考核业绩，制定薪酬
——10个人的时候要走在最前面，1000个人的时候要走在最后面

1. 把收入和业绩挂钩…100
2. 考核是为了发现人才…101
3. 让下属参与到考核中来…102
4. 保证考核的严肃性…103
5. 合理考核带来绩效…104
6. 务必把工作量化…106
7. 关注员工的实际贡献…107
8. 进行成功的绩效面谈…109

目 录
CONTENTS

第十一章 大权独揽，小权分散
——总经理要管头管脚，但不能从头管到脚

1. 少做事，多管人…112
2. 不该授权的要亲自做…113
3. 防止权力分散和被架空…114
4. 根据员工的长处授权…115
5. 判断"不宜授权"的工作…117
6. 合理授权应遵循的原则…118

第十二章 治理内耗，消除抱怨
——带队伍重要的是带作风

1. 绝不容许"拉帮结派"…122
2. 消灭公司里的扯皮现象…123
3. 防范下属欺上瞒下…124
4. 清除定时炸弹…126
5. 平衡"新人"和"旧人"的冲突…128
6. 做一个公正的裁判…129

第十三章 冷静果敢，掌控情绪
——行使权力，心善不能心软

1. 别让"怒气"误了事…132
2. 防止员工投机取巧…133
3. 揪住狐狸的尾巴…134
4. 一山难容二虎…136
5. 给对手设下"迷魂阵"…137
6. 要有蛇吞象的霸气…138

下篇 不懂用人，你就自己干到死

第十四章 以心换心，赢得忠诚
——要想用对人，先要懂他们的心

1. 研究下属的心理需求…144
2. 感情投资，用"仁爱"留住人心…145
3. 主动为下属承担责任…146
4. 重用铁杆追随者…147
5. 把下属看作"圈里人"…149
6. 困难时期更要慷慨…150

第十五章 知人善任，"榨干"才能
——用人不在于减少人的短处，而在于发挥人的长处

1. 先有伯乐，后有千里马…154
2. 选对人做对事…155
3. 别让下属戴着镣铐跳舞…156
4. 明白初生牛犊的妙处…157
5. 让下属干劲冲天…159
6. 给职位高的人更多的事…160
7. 用人之长，避人之短…161

目 录
CONTENTS

第十六章 | 疑人不用，用人不疑
　　　　　——信任是给下属最好的礼物

1. 信任比什么都重要…166
2. 把职业经理人变成自家人…167
3. 敢用疑人，会用疑人…168
4. 用人先要有容人之量…170
5. 信任部下胜过子女…171
6. 以真心换真心…173

第十七章 | 财散人聚，财聚人散
　　　　　——用分享的智慧留住人

1. 将取先予，做领导小气不得…176
2. 重金刺激出能人…177
3. 和员工分享利益…178
4. 小恩小惠有必要…180
5. 让能人先富起来…181
6. 用福利留住人才…183
7. 留住最佳业绩贡献者…184

第十八章 | 提拔人才，踢走庸才
　　　　　——善用比自己强的人，你才能成为巨人

1. 大胆提拔人才…188
2. 提拔有瑕疵的优秀人才…189
3. 首先看人品，其次看能力…191
4. 掌握选人的绝招…192
5. 帮助下属获得成功…194
6. 解雇庸才，不留余地…195

第十九章 看人下菜，量才而用
——用错人，万劫不复；用对人，万象更新
1. 敢用性格有缺陷的人…198
2. 透过细节识别人才…199
3. 人尽其才，各得其所…200
4. 设置恰当的职位…202
5. 多用几只眼看人…203
6. 根据年龄提出不同要求…204

第二十章 权力下放，无为而治
——少就是多，抓得少些反而收获就多了
1. 只做自己应该做的事…208
2. 抓大放小，灵活用权…209
3. 授权的三个组成部分…210
4. 一旦授权，就不再指手画脚…212
5. 授权之后把握住控制权…213
6. 用好中层是桥梁，用不好是铁墙…214
7. 坚持"上下同欲"…216

第二十一章 能人大用，奸人不用
——任用贤能，不要怕自己被超越
1. 让有能力的人掌权…218
2. 能人的八大特质…219
3. 敢用比自己聪明的人…221
4. 培养"鲶鱼"式人物…222
5. 把搞权术的人拉下来…223
6. 提防潜伏在公司的野心家…224

目 录
CONTENTS

第二十二章 栽培部下，挖掘潜能
——让三流人才发挥一级能效

1. 不教导部下就是浪费其生命…228
2. 用兵要狠，爱兵要深…229
3. 别让金子埋在沙土里…230
4. 坚持人才年轻化…232
5. 让员工接受风雨的考验…233
6. 授人以鱼不如授人以渔…234

第二十三章 鼓励竞争，逼出人才
——搭建舞台，让大家争当有功之臣

1. 让大家争当有功之臣…238
2. 成就感激发人才的创造力…239
3. 创造良性的竞争环境…240
4. 建立激励计划并坚决执行…242
5. 给员工脱颖而出的机会…243
6. 给员工设计好奋斗目标…244

第二十四章 培育人才，未雨绸缪
——企业培训，让员工与企业共同成长

1. 管理的一半是培养人…248
2. 企业培训是一种划算的投资…249
3. 用人不能"急功近利"…250
4. 企业成长需要不同的人才…252
5. "全球化"就是人才当地化…253
6. 从三流企业中挖掘一流人才…255

第二十五章 人才匹配，团队优势
——协作致胜，企业不要"独行侠"

1. 人才搭配要合理…258
2. 搭建互补型人才结构…259
3. 选好副手让你如虎添翼…260
4. 最大的危险是内耗…261
5. 一定选好火车头…263
6. 让下属的职责互相牵制…264

第二十六章 本土制造，内部晋升
——外来的和尚不一定会念经，多从公司内部选拔人才

1. 给每个人公平的机会…268
2. 打破常规使用人才…269
3. "本土制造"的人才更好用…270
4. 责任心，上进心，企图心…272
5. 慎重使用空降兵…273
6. 帮助有贡献的员工成长进步…274

第二十七章 人才退出，应对有法
——铁打的营盘流水的兵，有退路才有出路

1. 让离职的人说出真心话…278
2. 辞退员工时要婉转…279
3. 让有功之臣和平退出…281
4. 谨慎地对待离开的老员工…283
5. 留意员工的跳槽前兆…284
6. 防止员工频繁跳槽…285

上 篇

给你一个团队，你能怎么管

有人说，"企业是一个社会生态系统"；还有人说，"企业大多数业务的运行靠的是员工的责任心，而不是制度和物质奖罚"。人，才是企业能否成功的关键。要管人，首先要知人，知人难，但不是不能知。只要把握住从实践中知人，从细节中察人的方法，就可以做到扬长避短，人尽其才。

由于受到社会文化，历史变迁等影响，中国人本身具有一些独特的性格特点，因此在管理时，只有因人而异才能成功。

第一章

三分管人,七分做人
——先管好自己,才能领导别人

领导者是团队前进的方向标,是团队成员目光的焦点,对团队成员的日常行为具有规范指导的责任和权利,一言一行都对团队成员具有巨大的影响。领导者只有先管好自己,才能领导别人。以身作则、身先士卒的领导者更能获得团队成员的信赖和认可,更能让团队成员心甘情愿地追随。

1. 管人要先管好自己

领导者是团队前进和发展的方向标，对团队成员的日常行为具有规范指导的责任和权利。孔子说："其身正，不令而行；其身不正，虽令不从。"作为群龙之首的领导者只有注重加强个人修养，以身作则，才能服众，进而建立威信，保证日后团队计划和命令有效彻底地执行。

领导者是团队成员目光的焦点所在，一言一行都影响着他是否能够得到团队成员的信赖和认可。要想打造一个高效运作的团队，领导者必须时刻注重自我形象的塑造，为团队成员树立榜样。领导者的形象魅力来自于服饰、举止、语言三个方面，只有做到"三位一体"，才能振臂一呼，应者云集。

联想总裁柳传志的以身作则就有效地提升了他的管理水平和实际效果。联想员工开会迟到似乎成了一种惯例，柳传志决定整顿一下这种不良风气。他规定：凡开会迟到者，罚站五分钟。一开始被罚站的员工总是闹情绪，严重地影响了公司的日常运行。直到有一天柳传志因堵车迟到，自觉罚站五分钟后，员工才开始对迟到罚站心服口服。

管理者进行企业日常管理如同作战，胜则企业蒸蒸日上、茁壮发展，败则人心涣散、分崩离析。《孙子兵法》讲究"不战而屈人之兵"，管理者不需要有强硬的后台，或者骇人的威严，只要以身作则、身先士卒，员工就会折服。管理者通过"身正"使其在企业管理中取胜，是一种低成本的团队运作模式，其产生的正面影响是没有止境的。

试想一位管理者如果经常迟到早退，甚至随意对员工爆粗口；或者遇到危机就消极对待，把不良情绪暴露在众目睽睽之下；又或者在生意场上不注重衣着言行和交际原则，致使与合作伙伴或竞争对手之间的关系十分紧张，那么，员工又怎能对他产生深切的信赖与仰慕，并追随他一起为企业的前途打拼呢？所以，优秀的企业家必定要有深刻的自省能力，能够及时意识到自身不合法度之处，并立即改正。当管理者能够加班到深夜时，员工加班就不会再怨声载道了。

榜样的力量是无穷的

领导者身处团队体系的最高层，肩负着团队发展的重大使命，其一言一行都牵动着无数双眼睛。因此，成功的领导者都非常注重加强个人修为，自觉遵守团队的规章制度，始终保持自己的优势地位，从而为团队成员的进步和发展树立榜样。

2. 领导人要身先士卒

《孙子兵法》上说："夫将者，国之辅也，辅周则国必强，辅隙则国必弱。"意思是说，国家的兴衰依赖于大将的辅佐艺术。而对于一个企业来说，其发展壮大则离不开管理层优秀的领导方式和管理措施。不同的管理者有不同的管理技巧，不同的管理技巧决定着不同的发展成效。身先士卒是一种绝佳的管理技巧和领导艺术。管理者的身先士卒是员工无声的榜样，对营造良好工作风气、形成工作合力、促进事业发展起着决定性的影响。

所谓"强将手下无弱兵"。在企业中，管理者的以身作则、率先垂范，是无声的命令和最好的榜样，员工会在这种精神的强大感染力和影响力下形成一种积极向上的工作态度和激情四射的工作氛围。作为企业的管理者，应当从以下几个方面身先士卒，做好员工的方向标。

（1）培养勤学多思之习。

管理者依靠管理艺术实现个人价值，因而不必事事优于下属。但是，优秀的管理者一定是懂得勤学多思、见贤思齐的人。学习是进步的根基，是提高能力的基本途径，也是进行科学管理的基础和前提。管理者对知识的渴求也会带动企业全体员工追求进步，从而形成良好的学习型企业。

（2）保持朝气激情之态。

没有向上的精神和蓬勃的激情将难以成就一番事业。员工工作激情的保持和企业良好工作氛围的营造需要管理者的带动。当管理者把工作标准调整到最高、精神状态调整到最佳、自我要求调整到最严的时候，企业员工就会在其影响下树立强烈的责任意识和进取精神。

（3）强化遵守制度之识。

制度是一只隐形的手，潜流于企业整个运行体系中，左右着企业的走向。有了制度不执行比没有制度还要糟糕，而企业制度归根到底是对一把手的制约。作为全体员工的方向标，领导者必须模范地遵守公司制度，才能上行下效，使每一位员工都成为公司制度的坚定维护者。

（4）打造实干诚信之风。

"空谈误国，实干兴邦。"对于企业来说亦是如此，管理者对员工的虚情假意换来的必定是员工在工作上的弄虚作假。收起浮夸的口号，变片面的指挥为切实的指导，才能充分发挥管理者在企业发展中应有的作用。

身先士卒是绝妙的领导艺术

身先士卒是立身之魂、谋事之本、成事之基，是一门绝妙的领导艺术，能在影响人、改造人的时候起到非凡的作用。当管理者积极履行上司的义务并能以身作则表现出榜样的风范，员工就会尊敬他，并将追逐他的脚步而不断提升自己。

3. 你的抱怨会带来副作用

1982年,美国芝加哥地区发生了"泰诺"中毒的事故。消息传开后,在美国全国引起一片恐慌。"泰诺"是强生公司的主打药物,此事一出,强生公司蒙受了巨大的损失,原有市场几乎全部失去。面对危机,强生公司的领导层并没有慌乱,他们一方面照常召开公司例会,以饱满的精神稳定员工情绪,另一方面积极采取挽救措施:配合警察调查、回收已出售药片、向相关医药行业发出警告等。最终,警方的调查结果显示,是有人故意在"泰诺"的胶囊里投放了氰化物,而强生公司是无辜的。

此次事故给强生公司造成了上亿美元的损失,但是强生公司内部各项事务依旧有条不紊,从高层到基层员工都没有一丝不良情绪,所以,在事故发生了仅仅5个月后,该公司就夺回了该药品之前所占市场的70%,并在两年后重新夺回市场老大的位置。

强生公司高层在这次事故中的表现无疑是挽救强生的一把利器。在面对严重危机的时候,公司高层没有抱怨,也没有流露出任何不良情绪,他们的种种表现使得员工对公司依旧信心满满。

管理者的喜怒哀乐具有巨大的感染力,如果表达失当,很可能会招来无端之祸。孔子说:"成事不说,遂事不谏,既往不咎。"意思是说,已成的事,就不述说;结束的事情,就不劝谏,过去的事情就不怪罪。高明的管理者一般都能很好地管理自己的情绪,以冷静客观的态度来应对各种繁杂的事务。

世界上根本没有心如止水的人,喜怒哀乐是人的基本情绪。优秀的管理者却总能把喜怒哀乐藏在隐秘的地方,在任何时候都能控制好自己的情绪。他们的冷静从容,不仅能保证决策的正确性,还能以一种胸有成竹的自信给员工以信心,稳定员工的情绪。

喜怒哀乐要适时隐藏

员工的工作绩效与公司内部氛围有着密切的关系。管理者的情绪影响着公司氛围的形成。倘若管理者总是喜欢抱怨，就会严重影响员工的情绪，也会使自己容易受人控制而屈居下风。管理者的抱怨会带来巨大的副作用，坚持"深藏不露"才是实现成功管理的关键。

4. 老板坐下，部下就躺下了

高昂的士气是生产的激素。全体员工都信心百倍地为了共同目标而同舟共济，企业就拥有发展壮大的希望。老板，作为企业发展的指挥棒，必须学会聚合人心，以此来充分调动员工的工作积极性。而运用手中的职权来迫使员工努力工作并不是明智的做法，聪明的老板总是能够通过言传身教增加团队的凝聚力，比如：

（1）做好榜样。

老板总是处于员工目光聚焦的中心，他所做的任何事情都会对员工产生一定的影响。老板在工作岗位挥洒汗水，员工就不会在空调下吹风；老板按时上班，员工的迟到现象就会减少。相反，如果老板坐下了，那么认为自己是在为坐着之人打工的员工就会舒舒服服地躺下来。所以，老板是企业的领军人物，不但肩负着重任，而且是员工眼中的聚焦，在言行方面应该时刻注意自己对外界的影响，要主动冲到第一线感召员工。

（2）当好主心骨。

任何企业的发展壮大都不可能一帆风顺。当企业遇到困难时，老板应该任狂风暴雨吹打着自己也要坚强站立。企业员工在困难面前仓皇失措时，首先想到的就是老板，如果企业的主心骨有信心战胜困难，他们也会有信心。倘若老板轻易地就屈服于困难，那么他的团队在困难中肯定溃不成军。

著名的美国女企业家玛丽·凯说："称职的领导应以身作则，经理不但应在工作习惯方面，即使在衣着打扮等细节方面都应该为员工树立一个好榜样。"成为优秀的老板是一门高深的学问。作为企业的带头人，老板必须时时刻刻规范自身言行举止，以带领员工创造良好的工作局面。

强将手下无弱兵

老板是企业的主心骨，必须时刻保持其优越性，能站着的时候绝不要坐着，能坐着的时候绝不能躺下，否则员工的士气就会受其影响，甚至消失殆尽。所谓强将手下无弱兵，优秀的老板带不出不求上进的员工。同样，上梁不正下梁歪，品行恶劣的老板也得不到优秀员工的辅弼。

5．企业家精神引来追随者

所谓"小胜在智，大胜在德"。对于企业家来说，要想打胜一场商战需要计谋，而要想打造出一支战无不胜的团队，没有"德"则绝对不行。联想总裁柳传志说："创业的时候，我没高报酬，我怎么吸引人？就凭着我多干，能力强，拿的少，来吸引住更多的志同道合的老同志。"人才是优秀团队的基础，而企业家卓越的商业理念和人格魅力是聚集人才的必备条件。

没有人追随的管理者只是职权威慑的空壳，众人相帮之人才能成就一番大事业。可以说是追随者成就了管理者，管理者的成功离不开人心相向。然而聚集优秀人才并不是一件容易的事情。金钱、人情和关系在人心面前都会变得黯淡失色，只有卓越的企业家精神才能让人才心甘情愿地追随。

付出才会有回报，管理者想要得到优秀人才的辅助，必须懂得付出。首先，管理者应当在工作上投放大量精力。踏实工作的管理者比空喊口号的管理者更加有魅力。其次，管理者要善于处理人际关系，学会情感付出。优秀人才归根到底是有思想有感情的人，他们需要被认可、被感动。而管理者的赞扬和关心一定能让他们的情感需求得到满足，自然就会获得他们的回报。

没有追随者的管理者，就如同树叶落尽的枝干孤孤单单，如同掉队的大雁没有方向。然而企业家精神不是任何商人轻易就能具备的素质，只有在不断提升自我中才有可能获得。所以，管理者在任何时候都不能放弃完善自身，不但要学习管理知识，更应该学习处理人际关系的技巧、提高自身魅力的方法以及聚拢人心的途径。

"内美"让管理者应者云集

孟子说："得道多助，失道寡助。"只有拥有卓越的人格魅力和经商才能的管理者才能吸引人才来辅助自己的事业。"董事长"或"老板"之类的头衔并不能给企业管理者带来任何威信，只有"内美"才能使他们"振臂一呼，应者云集"。

6．适时完成角色转换

老板对企业拥有所有权，似乎凌驾于企业一切之上，不受任何人、任何事的约束。其实，权力再大的老板也只是企业众多角色中的一个，而且是一个非常难以胜任的角色。

中国企业有一个非常典型的现象，那就是企业家往往比他的品牌更有知名度。这种现象对于一个刚刚起步的企业来说是一件十分有益的事情，然而，如果公司已经具有一定的规模，老板的魅力依旧占企业魅力的绝大部分，那么公司将没有发展前途。正如万物一直处在发展进化之中一样，老板在企业中扮演的角色也应该有一个转换的过程。

一般情况下，企业在创立之初，总会遇到各种各样的麻烦，发展常常举步维艰。这时候就需要企业家充分发挥个人魅力，在企业宗旨、理念、制度、团队的构建到生产管理、选拔人才等方面样样在行、事事精通。把企业所有角色都揽在自己肩上的老板，在员工眼里，就是企业的英雄，他们也将愿意跟随这样的老板拼争天下。

当企业初具规模，老板就会面临下放权力的挑战，这时候就应该适时地进行角色转换。当企业的经营进入了正常轨道，企业基本框架搭建完毕后，老板就不必再做跑前跑后的劳工了。然而，这时的企业制度并不是非常完善，老板还不能高枕无忧，必须以监督员工工作来补充制度的不足。

当企业发展到相当大的规模时，企业管理已经程序化、决策和执行机制日益完善、运作经营完全市场化时，老板就应该从个人英雄转换为组织英雄，将企业的经营、决策、日常管理完全交给高水准的职业经理人团队，而自己只需对公司高层负责，把握企业的发展方向即可。

许多企业创始人都拒绝进行角色转换。有些老板胸无大志，从未想过将企业做大、做强；有些老板用人多疑，不放心把企业交给"外人"打理；

有些老板已经养成了管理企业的习惯，不愿意做"游手好闲"之人。以上三种现象正是中国企业家往往比其品牌更有名知度的原因所在。

老板职权也要发展变化

创业阶段需要个人英雄主义，当公司发展到一定规模时就需要组织英雄。老板必须时刻保持冷静，不能被外界的赞誉迷惑，在跟随企业发展的脚步积极进取的同时也要学会角色转换。如果老板不能适时完成以上角色的转换，企业想要发展壮大只能是异想天开。

7．绝对的权力，绝对的责任

企业管理者处于企业管理的金字塔尖，对企业各项事务都具有绝对的管理权。管理者是企业之舟的掌舵者，他们的决策往往决定着企业这艘船是驶向富庶的岛屿，还是沉没在冰冷的海底。因此，管理者对企业的发展要担负绝对的责任。绝对的权力意味着绝对的责任，管理者在行使各项权力的同时，必须保证其行为的影响是积极的、正面的。否则，企业将看不到明天胜利的曙光。

鸿海集团主席郭台铭说："企业老板必须什么都要会，变得'三头六臂'，才能带领企业生存下来。"企业管理者工作的特定性赋予其绝对的权力，但是这并不意味着管理者就具有无上的优越性，可以为所欲为。滥用职权、玩忽职守，甚至作威作福、大搞腐败的管理者只能让企业深陷泥潭甚至最终无法自拔。优秀的管理者在行使权力的同时，总能勇于承担责任，

第一章 三分管人,七分做人
——先管好自己,才能领导别人

带领企业走向成功。他们在享受绝对权力的同时,也承担着绝对责任。

(1)走在队伍前面。

管理者在公司的日常运行中有指挥的权力。公司遇到困境时,管理者完全有权力命令下属去应对,自己坐享其成。然而,没有管理者带队的应急小组工作效率一定不高。如果管理者能够挺身而出,勇敢地面对困难,不但能稳定员工情绪,还能带给员工战胜困难的坚定信心。

(2)严格要求自己。

管理者真正的责任感来自于对每一件小事的关注。管理者要想让其权力能够发挥巨大的威力,就必须从每一件小事开始做起,让责任感成为自己工作和生活的习惯。管理者如果能够严格要求自己,成为公司制度的模范维护者和员工学习的榜样,他的号召和命令就会极具说服力,员工就会心甘情愿地追随。

(3)提升自身素质。

管理者拥有管理企业的权力,同时也应该承担发展企业的责任。要想切实履行责任,管理者必须不断提升自身素质,通过总结成功的经验、探讨失败的教训、引进科学先进的管理方法等手段不断进步。

勇担责任的领导最有威力

绝对的权力意味着绝对的责任。在企业中,管理者拥有极大的权力,自然必须承担相应的责任。优秀的管理者会从每一件小事做起,严格要求自己,并不断提升自身修养和能力,从而使其权力具有更大的威力。

第二章

恩威并施,推拉结合
——"红脸加黑脸"是最有效的管人手段

　　过于随和的管理者,会失去威信,让员工觉得软弱无能;过于强硬的管理者,会激起众怒,让员工觉得他头角峥嵘。赞扬是送给员工最好的礼物,批评也是员工成长路上必不可少的一部分。因此,管理者既要学会唱红脸,赢得员工的感激和信任;也要学会唱黑脸,建立威信以保证指令畅通。

1. 把赞扬当作一份礼物

心理学家杰斯莱尔说："赞扬就像温暖人们心灵的阳光，我们的成长离不开它。"赞扬是对别人的一种肯定和尊重，也是送给别人的最好礼物和报酬。经常赞扬别人是一种利润丰厚的投资，被赞扬人感受到的是你的好心和善意，回报你的将是友谊和信任。

渴望被赞扬是人们一种普遍的心理需要。而企业员工更重视管理者对他们的评价，他们往往以此为根据来评估自己的价值。管理者经常赞扬员工，可以满足员工的荣誉感和成就感，使其得到精神上的鼓励，积极性、创造性就会不断被激发、被调动。如果管理者对员工的优异成绩漠不关心、视而不见，或认为是理所当然的而不做任何表示，那么员工的良好表现就很难持续下去，甚至会产生"干好干坏一个样"的想法，导致消极因素的产生。所以，管理者要经常为员工送上一份"赞扬"的礼物。

虽然员工都希望得到领导者的赞扬，但并不是所有的赞扬都能够恰到好处，如果赞扬不能很好地把握原则很可能会弄巧成拙。

（1）赞扬要真诚。

管理者对员工的赞扬必须是发自内心的，态度要诚恳热情，用词要恰到好处，切记不能冷漠应付或者虚构夸张。管理者在赞扬员工时的真诚体现的是对员工的了解、尊重和信任，带有权威性，能够唤起员工的亲切感、温暖感和友谊感；相反，管理者采取冷漠的态度和虚构的言辞，会给员工故作姿态、敷衍客套之感，起不到积极的作用。

（2）赞扬要适度。

管理者赞扬员工时务必恰当求实，切忌随意拔高。如果管理者把赞扬当成任意搞文艺创作，随意夸大情节、虚构事实，很容易在员工中形成不务实、图虚名的不良风气，也容易使被表扬者产生盲目的自满情绪，坠入自我欣赏、不求进取的泥坑。另外，如果管理者赞扬的人数、次数过多，赞扬的标准太低，也会使赞扬失去原有的权威性和积极作用。

（3）赞扬要及时。

当员工工作表现好、取得好成绩或是提出好建议时，管理者都应及时给予肯定。每个人都渴望尽快了解其行为产生的效果，如果管理者能及时对其行为进行反馈，其行为优化提升的周期就会缩短。如果这个反馈是肯定的，他的积极性就会及时被调动。

赞扬是礼物

赞扬别人是送给别人的绝妙礼物，也是一种回报颇丰的情感投资。如果管理者能够恰当地给予员工以赞扬，不仅能帮助员工成长，还能与员工建立起良好的关系。

2．对害群之马要用些霹雳手段

正如世界上没有两片完全相同的树叶，员工也不可能人人都同样优秀。所以，管理者对员工的要求不能太过苛刻，要给他们一定的发展空间。如果员工不识好歹，并不珍惜企业给予他的改过自新的机会，而是一味地破罐子破摔，那么管理者就必须强硬起来，采取严厉的手段予以惩戒。

每个团队都有害群之马，这样的人不仅自己不进步，还会危害团队的利益。仁慈的管理者总能给后进的员工提供良好的发展机会，而害群之马在管理者的宽仁下却依旧我行我素。这时候管理者的霹雳手段能起到当头棒喝的作用。如何驾驭员工关系到管理者的成功与否。一味退让的管理者总把自己摆在被动的地位，是员工在管控他，而不是他在驾驭员工。成功的管理者能及时摆出威风，维护其作为公司管理者的尊严。

台湾第一大企业鸿海精密创办人郭台铭对待企业中的害群之马，一向都以采取严厉手段对待。鸿海精密的实力和郭台铭的人格魅力吸引了许多名牌大学的优秀人才来求职。郭台铭对人才非常重视，总是委以重任。然而，名牌大学的出身让这些新进人才优越感十足，看不起小门小户走出的同事。一时间，新进人才与公司老员工之间矛盾重重，对公司和谐的公共氛围造成了严重的伤害。郭台铭不断提醒这些高材生要脚踏实地，做好本职工作，可是一直没有取得良好的效果。于是，郭台铭决定采取严厉手段。他在公司大会上提名批评了表现最差的高材生，并给予严厉处罚。许多高材生从郭台铭的话中意识到自己的错误，开始反省自身踏踏实实地工作。

有时候，员工屡屡犯错可能只是一时头脑混沌，管理者的严厉批评是一剂效果极好的醒神汤。对员工的错误一味退让，不是对员工的包容和理解，而是对员工、对公司未来的不负责。

肃清坏分子

在必要的时候，管理者必须拿出强硬的态度，实施霹雳手段，严肃处理给团队带来巨大危害的员工。在强硬的领导者面前，许多矛盾冲突都会迎刃而解，害群之马也将再无容身之地。

3. 既要唱黑脸，也要唱红脸

管理者要想树立威信，保证企业各项事务的有序进行，在必要的时候

第二章　恩威并施，推拉结合
——"红脸加黑脸"是最有效的管人手段

就应该板起黑脸，采取霹雳手段。然而，员工也需要理解和关心，如果管理者过于强硬，很可能会激起众怒，让员工觉得他头角峥嵘、浑身是刺。所以，管理者要学会"宽严相济"，有时候唱唱红脸，以温和、商讨的方式与员工深入长谈也是必要的。"宽严相济"是一种以人为本的管理理念，是中国儒家智慧的精髓在现代企业管理实践中的应用与提升。

严惩不贷能够镇得住局面，宽容大度能够凝聚人心。火攻与水疗相结合的管理方法，既能给员工当头棒喝，规范其日常行为，又能给员工提供提升素质和施展才能的广阔空间。倘若管理者时时都以黑脸示人，把员工当作创造财富的机器，稍有错误就严惩不贷，员工在工作时就会顾虑重重，就不能充分发挥主动性。倘若管理者害怕失去人心，事事把人情放在第一位，就会养成员工傲慢妄为的坏习惯。所以，优秀的管理者既要有魄力，又要有人情味；既不要让人觉得冷酷无情，也不要给人造成软弱可欺的假象。

生活是复杂的，人心也是多变的。管理者在应对复杂多变的管理工作时，必须灵活处理，原则和制度面前务必分毫不让，而在原则之外的事情可以另行考虑。在现代管理中，唱黑脸和唱红脸是相辅相成、关系密切的两种手段。恰当的运用黑红脸，在宽严之间找到管理的发力点，针对不同情况随机应变，企业才能高效运转。

形成软硬的良性互动

随着社会的发展，人心越来越虚伪，黑脸十足会酿祸，红脸不足难明恩。所以，管理者在对员工进行管理时，应该把握好严惩与宽容的度。该惩罚务必公正严明，该宽容时也不能不近人情，从而形成"黑脸"与"红脸"的良性互动，为员工创造良好的工作氛围，确保管理工作的实用性和有效性。

4. 管理企业要赏罚并用

在现代企业中，奖励和惩罚是激励员工的两种不同手段。两者的实施往往是密不可分的，正所谓奖中有罚、罚中有奖。管理者既要重视奖赏的价值，还要注意发挥惩戒的功能。重视奖赏而忽视处罚，会使纪律松弛；而重视惩罚忽视奖赏，会使大家缺乏进取心。因此，"赏罚并用"才是企业管理者有效的统御手段。

每个员工都希望自己的工作得到合理、公正的评价，奖励和惩罚相结合的手段才能使评价具有全面性和系统性，"赏罚并用"符合人性的价值认同，因此具有强大的威力。如果不能合理的进行赏罚，员工的工作积极性就会受到严重的影响。只有把"惩罚"与"奖赏"有机结合，才能达到出色管理、有效统御下属的目的。

对出色的员工予以奖励，对违反企业制度的员工进行惩罚，能有效改变员工的工作态度，激发他们的工作热情。但"赏罚并用"并不代表奖赏与惩罚平分秋色。奖励的作用在于鼓励良好行为重复再现，处罚的作用在于抑制不良行为重复再现。因此，在具体的管理实践中，管理者应该以奖为主、以罚为辅。希望得到肯定和赞扬是人的普遍心理，经常对员工进行奖赏，能够提高员工的工作热情。而惩罚却并不是每个人都愿意接受的，因此对员工进行惩罚时要充分考虑其承受能力。

合理运用"赏罚并用"的管理方法还有一个"度"的问题。只有奖惩适度才能服众，也才能起到激励效果。如果奖惩无度，小功大奖，则会助长员工的侥幸心理；大功小奖，则缺乏应有的激励强度；小过重罚，则会加重挫折心理；大过轻罚，则不足以纠正非期望行为。

第二章 恩威并施,推拉结合
—— "红脸加黑脸"是最有效的管人手段

以赏为主,以罚为辅

员工对工作的热情是企业做强做大必不可少的条件。合理的奖惩制度能够充分调动员工的积极性。在现代企业中,管理者应该采取"赏罚并用"的方法,注重以奖励为主,以罚为辅,并且要充分考虑"度"的问题。

5.必要的时候放他一马

每个人都会犯错,员工的行为不可能永远正确,管理者要从理解的角度看待员工的错误。犯错对于当事人来说是一件非常沮丧的事情,倘若管理者不予以理解,无疑是雪上加霜。要适当地允许员工犯错,帮助他们从"错误"中获得成长的机会。如果犯错者吸取教训成长起来,公司将收获一大笔财富。

具备豁达、开放、包容的胸襟是所有管理者必须牢记的管理信条。"居上不宽"是管理者的致命伤。对员工,严格要求是必要的,但有时也需要睁一只眼闭一只眼,适时放人一马。难得糊涂是管理者应当掌握的一门学问。为人处世,明确是非标准非常重要。但是牵扯到人的因素,问题就变得复杂了。管理者在与员工相处时,不能时时求全责备,要懂得圆通的策略。面对员工的错误,特别是无心之过或者创新过程中出现的不足,管理者应当学会装糊涂。

犯错并不可怕,可怕的是重复犯同样的错误。对于初次犯错、情节较轻的员工,聪明的管理者总能予以容忍。适时的放犯错的员工一马,可以给员工提供回旋的余地和发展的空间,也能帮助管理者在员工中建立起威望,赢得员工的拥戴。

德国的西门子公司在处理员工错误的问题上就做得十分出色。他们从来不会抛弃公司的任何一名员工。对于不能胜任工作的员工,公司总会尽最大可能,为他们换一个岗位试一试。许多不称职的员工通过调整,都能找到了合适的位置,并创造了出色的业绩。

眼里揉不得沙子的管理者会剥夺员工改过自新的机会,无异于扼杀人才的刽子手。"人至察则无徒",求全责备的管理者永远得不到员工的追随。

适当包容员工的错误

对待犯错的员工,必要的时候要放他一马,这样不但能给他提供改过自新的机会,更能让他心存感激。这是一种为人处世、统御下属的高超本领,每一位渴望成功的管理者都应该及早练就。

6. 做到有"叛将"无"叛军"

科学技术是现代企业的核心竞争力,而人才是科学技术的创造者。所以,现代企业要想做强做大,就必须招揽金凤凰。"良禽择木而栖",人才总会选择那些待遇优厚、更容易实现自身价值的企业就职。随着企业间人才竞争愈演愈烈,企业中出现"叛将"的现象也越来越多。管理人员的跳槽并不仅仅意味着公司出现了一个"叛将",有时甚至意味着公司将流失一大批人才。

第二章　恩威并施，推拉结合
——"红脸加黑脸"是最有效的管人手段

在现代企业管理体系中，上司总是只对比他低一级的下属负责，老总可能与研发部门的技术员擦肩而过却认不出来，部门经理并不知道某条生产线的负责人是谁。这种管理模式造成了公司各级成员之间关系的疏离。所以，一个骨干能带走手下众多优秀人才，也就不足为奇了。

人才的跳槽对公司来说危害巨大，因为他很可能会带走原公司众多优秀人才，利用原公司的技术和资源与原公司进行竞争，并能借助知己知彼的优势击败原公司。所以，企业领导者必须采取措施，杜绝"一个人走，流失一批"的现象。

（1）提高用人技巧，从源头杜绝将帅的背叛。

如果没有叛将，叛军便无从谈起。要想从源头上杜绝叛将的出现，就要求管理者有高超的用人技巧。倘若管理者能够根据行业特色、公司特点以及员工心理，做出科学合理的统筹安排，使人才能够各司其职、人尽其用，那么人才在各方面的需求都得到满足，自然就不会到一个新环境去重新扎根。

（2）提高企业向心力，打造钢铁长城。

提高企业向心力，打造钢铁般的队伍是每一位管理者孜孜以求的目标。当每一位员工都能以主人公的责任感为企业的发展壮大打拼时，外界的种种诱惑就会显得黯然失色。提高企业向心力并不是一件容易的事情，需要管理者壮大企业文化，并长期不懈地努力下去。

（3）产权分割是一种行之有效的具体措施。

产权分割就是将企业的部分股份交到员工手中，使企业的每一位员工都成为股东。这样不仅能够提高企业全体员工的工作积极性，还能有效地防止员工的叛离。

凝聚人心，留住人才

企业将帅的叛离，往往意味着大批人才的流失。企业高层管理者必须提高管人技巧，使人才能够各司其职、人尽其用，从而留住将帅。另一方面，企业老板还应该在凝聚人心上投入大量精力，即使留不住将帅，也要留住他的属下。

第三章

左手权力,右手魅力
——总经理要有"一呼百应"的领袖魅力

领导者是团队事务的管理者、团队蓝图的规划者、团队文化的缔造者,是实力和魅力的结合体。没有实力,领导者就无法服众;没有魅力,领导者就无人追随。过硬的专业素质是领导者"打天下"的基础,巨大的人格魅力是领导者"坐天下"的保证。

1. 领导是实力 + 魅力的结合体

随着经济全球化的发展，企业之间的竞争也越来越激烈。虽然竞争方式多种多样，但归根到底，企业之间的竞争无疑是人才的竞争，人才的竞争无疑又是团队的竞争，而团队的竞争就是团队领导者的竞争。各类组织，尤其是企业组织迫切需要出色领导者的带领，以应对环境的挑战。作为企业事务的管理者、企业蓝图的规划者、企业文化的缔造者，优秀的领导者不但要具备过人的实力，还需要拥有巨大的人格魅力。

领导者如果没有专业实力，就无法居于高位领导众人。对专业知识一窍不通或者一知半解的领导者，在管理上容易被行业精英看不起。而只有具备过硬的专业素质，对行业发展有较强的洞察力，才能令人心服口服。拥有能够讲得出未来发展方向、又能身体力行的领导者，是团队形成凝聚力的关键。

领导者的实力是魅力的源泉，但是仅仅具有过人实力的领导者并不能魅力四射。领导者的魅力是对下属的一种天然的吸引力、感染力和影响力，主要表现在三个方面：高度自信、善于处理人际关系和对自己的信念坚定不移。与员工构建良好的上下级关系，打造优秀的企业文化，是领导者魅力的核心。在日常管理中，领导者需要用改善代替抱怨，用建议代替批评，用宽恕代替惩罚，从而让员工自愿而非被强迫地支持领导者的管理工作。

实力是领导者身居高位的基石，而魅力则能够保证领导者能够在高位上光芒四射。徒有实力的领导者难以吸引人才来辅助自己，而空有魅力之人则没有成为领导者的资本。只有实力与魅力相结合，一个人才能够走向管理层，并出色地进行管理工作。

成功领导是实力与魅力的结合体

在竞争激烈的现代企业环境中,缺乏专业实力的领导者很难对瞬息万变的现实做出迅速反应。而作为企业的灵魂人物,缺乏魅力的领导者也将无法吸引人才、凝聚人心。因此,一个成功的领导者必定是实力与魅力的结合体。

2. 用人格力量感召人

正如世间万物渴望雨露阳光一样,人也总是愿意亲近充满正能量之人。与品德高尚的人在一起,是一种品位,是一种享受,更是一种快乐。日本"经营神话"松下幸之助说:"一个领导者能使人感念的不是他的威势而是他的德行与恩泽。"管理者的人格力量就是企业的阳光雨露,是吸引员工追随的法宝。

日本推销之神原一平说:"当一个人与另一个人面面相对时,如果不具备强烈吸引对方的魅力,那么他将毫无前途可言!"管理者的愿景想要实现,必须得到众人的帮助。因此,人格力量对于管理者来说显得尤为重要。

人格力量,就是通过人格的外显而对周围构成的吸引力和幅射力,它是由一个人的品格、智慧和才能凝结而成的力量,是领导艺术的集中表现。人格力量不是与生俱来的,而是经过长期的实践磨练出来的。在企业管理中,管理者的人格力量来自于管理者强烈的事业心和敬业精神、宽容谦逊的气度、坚定的信念、对自己的严格要求以及人文关怀精神。人格力量是管理者能够成功完成管理工作的有利条件。

（1）人格力量是团队的向心力。

钢铁长城般的团队是企业参与市场竞争强有力的武器，是企业生存、发展的强大保障。团队的建设要靠全体员工的共同努力，而管理者起着引导和凝聚的向心作用。管理者巨大的人格力量可以赋予团队强大的精神指导和前进动力，使团队更具凝聚力、战斗力和向心力。

（2）人格力量是提高效率的先决条件。

具有巨大人格力量的管理者总能在"平等、信任"的氛围中与员工相处，在感情上把员工当朋友，在思想上时时与员工沟通。上下级之间的这种信任感和平等感有利于激发员工的主观能动性，促使他们积极出色地完成工作。

（3）人格力量是优秀企业文化的核心。

企业文化是企业生存发展的灵魂。企业文化的优劣，在企业的发展中起着至关重要的作用。管理者巨大的人格力量是打造优秀企业文化的核心。

人格力量威力无比

管理者杰出的人格魅力拥有无形的力量，是打造优秀团队和企业文化的核心，是整个团队能够成就卓越的先决条件。管理者的人格力量是其个人，也是整个企业的财富。因此，管理者要注重磨练魅力，以巨大的人格力量感召人。

3. 老板应不耻下问

管理者的权威是推进工作和保持团队统一的重要基础。大多数领导者

第三章　左手权力，右手魅力
——总经理要有"一呼百应"的领袖魅力

都十分看重和强调维护个人权威。然而，过分强调权威，很可能让管理者陷入被孤立的境地。喜欢个人说了算、不及时调整思路、凡事不愿与员工商量，或者对员工的意见建议不屑一顾，必然导致权威的维护畸形，使得权威基础脆弱，时常面临各种各样的挑战。

管理者做出的任何决策都要从公司的全局出发。集体智慧是管理者能够正确、及时决策的基础。脱离了集体智慧，管理者的决策就会出现各种偏差。管理者应该端正姿态，广泛采纳各方面的意见，这样才能在工作中形成优势互补、相得益彰，从而大大提高自身的管理能力。

管理者不耻下问，不但能够保证决策的正确性，还能给员工公平、开明的感觉。管理者能够以广阔的胸怀接纳并重用比自己优秀的员工，而且能够虚心地向员工请教，员工就会感到获得认可和尊重，就会以更加努力的工作来报答这种知遇之恩。所以，不耻下问的领导者更容易赢得员工的尊重，更能树立权威。

花花公子企业总裁海芙纳在博采众长这方面，绝对高人一筹。1982年，海芙纳从父亲手中接过问题重重的公司，开始为公司的前途废寝忘食。海芙纳并不像一般人一样迫不及待地想表现自己的能力，而是聚集了一大批顾问。她认为，集体的智慧往往要比个人智慧更有用。为了获得巴菲特的帮助，海芙纳更是降低自己的姿态几度前往拜访。在智囊团的协助下，海芙纳终于使公司转亏为盈，重振声威。

多谋善断是一个管理者应该具备的基本素质。然而，谋略不是简单的眉头一皱，计上心头，善断也不是轻率的主观臆断。兼听则明，偏听则暗。管理者要不耻下问，切忌不懂装懂。只有广开言路，博采众长，细心倾听员工的呼声，才能腹有良谋，妙计迭出。人非圣贤，孰能无过，管理者要避免错误，就必须利用团队的集体智慧。

管人诀窍

聪明的领导懂得集思广益

管理者追求个人权威无可厚非，因为没有权威就无法真正实现管理。然而，管理者是否具有权威，不在于他姿态有多高、架子有多大，而取决于他的决策正确与否。管理者只有紧紧地依靠集体智慧，不耻下问，才能让员工对管理权威心甘情愿地尊重和服从。

4. 过硬的心理素质是优势

心理素质是任何人都具有的资本。不论是管理者还是员工，心理资本状况是优良还是糟糕，对工作业绩至关重要。拥有过人心理素质的个人，能承受挑战和变革，从逆境走向顺境，从顺境走向更大的成就。

管理一个公司绝对是对管理者心理素质的严酷考验。管理者每天面对的是一个庞大的团队，不仅要保证团队日常事务顺利进行，还要推动团队不断发展壮大。一旦团队出现问题，管理者会首当其冲，成为万夫所指。高强度、高压力的工作就更需要管理者应该具备优秀的心理素质。

（1）希望。

一个没有希望、自暴自弃的人不可能创造什么价值。无论面对多么糟糕的状况，成功的管理者都能够充满希望，并朝着希望努力工作。管理者的精神状态最能影响员工。在困境中，如果管理者能时刻以饱满稳定的情绪、平静愉快的心境投入工作，员工就不会因为看不到希望而苦恼不安。

（2）自知。

所谓"知己知彼，百战不殆"。要想取得商战的胜利，正确认识自己是基础。成功的管理者既要看到自己的长处，又要能看到自己的短处，自信而不自负，自省而不自卑。

（3）韧性。

面对偌大的公司和激烈的商战，管理者每天都会遇到各种各样的挑战。拥有韧性的管理者都具有从逆境、冲突、失败、责任和压力中迅速恢复的心理能力。面对纷乱如麻的矛盾，他们总是能以不达目的不罢休的决心和精神迅速调整思路、果断处理。

管理者优秀的心理素质也是企业核心竞争力的一部分，是形成企业文化的重要因素。优秀的心理素质可以带来决定性的竞争优势。自信、乐观、坚韧的人，勇于创新，敢于创新，能够因地制宜地将知识和技能发挥到最大限度，成就自己也成就了团队。

心理素质决定成败

管理者业绩如何，取决于心理掌控、情绪自控的能力。情绪稳定、处变不惊、游刃有余的优秀心理素质是现代企业对管理者最基本的要求。倘若管理者进行"充电"后，仍然局限于知识和技能，就会在越来越激烈的竞争中铩羽而归。通过拓展训练活动，培养良好的心理素质，激发自身潜能，是现代企业交给管理者必须完成的任务之一。

5. 经营好你的"个人形象"

对企业管理者来说，一举手、一投足都非常重要。因为客户和员工往往通过这些细节来评价他们，从而对他们的决策的执行形成或好或坏的影响。非凡的个人魅力很大程度上正是取决于管理者的日常言行，鲜活的语言、体态都能让管理者魅力四射。具备良好个人形象的管理者，更容易赢得客户的信任与合作机会，也更容易在团队中建立威信、凝聚人心、聚合力量，从而提升团队的整体实力。

管理者的个人形象分为两个层次，即浅层次的个人面貌与服饰和深层次的激情、沟通、化解危机的能力。前IBM董事长郭士纳认为：伟大的组织机构，说到底都是某个人的影子和延伸。伟大的机构不是管理出来的，而是领导出来的。可见，管理者的"个人形象"对一个公司的成败几乎起着关键性的作用。所以，想要缔造商业帝国的管理者一定要经营好自己的"个人形象"，不仅要修饰外美，还要培养内美。

（1）穿出管理者的卓越不凡。

外在面貌往往反映一个人的内在气质，穿着打扮体现着一个人的品位修养。管理者应当时刻注重着装的合体和光鲜。没有人愿意在一位邋遢的管理者手下工作，也没有人会觉得穿着不合体的管理者魅力非凡。所以，正衣镜正的不仅是穿着打扮，还有管理者的精神面貌，甚至是整个团队的精神面貌。

（2）内在修养让管理者魅力十足。

管理者的内在个人形象，总结起来包括人格形象和智慧形象两方面。通过精神和内在性质的修养和陶冶而获得的一种无形的人格力量与感召力，这就是管理者的人格形象。而人格形象以高尚的品质为基础。因此，成功的管理者必定是品质优良之人。智慧形象是管理者进行企业管理的能力和技巧。拥有高超管理技巧和领导水平的管理者更能赢得员工的信任和辅助。

第三章　左手权力，右手魅力
——总经理要有"一呼百应"的领袖魅力

学会魅力攻势

魅力攻势越来越成为一种效果卓著的管理技巧。现代企业的管理者应该从大处着眼、小处着手，注重个人魅力的维护和提升，既要修饰外在形象以饱满的精神气质感染人，又要培养内在形象以高超的管理技巧和领导水平换来员工心甘情愿的追随。管理者良好的个人形象具有百万价值，是企业走向成功的重要保证之一。

6. 小气的领导没吸引力

俗话说："胆小不得将军做，小气不得领导做。"珍惜时间和金钱无可厚非，严格执行公司制度也没有错。但是，如果领导者以此为借口剥夺员工获取福利以及进行娱乐等权利，就是大错特错。员工都喜欢大方的领导者，"一毛不拔"的管理者会让员工对他心存不满甚至产生蔑视的心理。

一杯咖啡、几分钟电话、偶尔轻松一下等都是员工必要的需求。管理者应该给予理解，不要锱铢必较。管理者太过公私分明，会让员工觉得他们从公司所获得的福利和安适感与自己对公司做出的贡献不相符。过低的薪资、冷漠的上下级关系，无疑是在告诉员工：每个人都是可以被取代的，忠诚度根本不值半文钱。在这样的公司文化下，员工只会把工作当成一种交易，当成获取薪资的一种手段，对公司的责任心和忠诚度就会降低。愚蠢的管理者才会对员工小气，聪明的管理者总是想方设法地搞好与员工的关系。

（1）定期加薪。

薪资是员工衡量一份工作好坏的最基本因素，很大程度上决定了员工工作的积极性。如果一个公司能够制定稳定的工资增长制度，员工的付出就会得到越来越多的收获，他们就会更加努力地为公司效力。从长远意义上来讲，定期加薪对公司纯利无害。

（2）礼物馈赠。

中国传统文化讲求礼仪尊重，讲求好礼馈赠，讲求请客吃饭。管理者在工作之外，如果能够和员工吃个饭、送员工一个小礼物、给员工一个小的惊喜，很容易就能形成如鱼得水、一派祥和的上下级关系。

（3）度假福利。

员工不是工作的机器，需要休息娱乐来转换思路、补充能量，必要的假期对其非常重要。管理者要认识到，给员工放假并不是在浪费时间。即使一部机器用的时间久了，也要修正一下，更何况是人呢？长时间的高强度工作会造成员工创造力的下降，适时的度假休息不但能让员工调整心情、重新投入工作，还能让员工感受到管理者的人文关怀。

慷慨的领导必能收获丰厚的回报

要成为优秀的管理者，就不能在员工面前小气抠门。小小的惊喜、不经意的礼让，都能为管理者的威望和魅力加分。管理者在能奉献时尽量奉献，能分享时尽量分享，这样不仅不会失去什么，反而会得到员工丰厚的回馈。

7. 要组织文化，不要老板文化

老板文化在企业文化建设中的作用固然重要，但老板文化却不能代替企业文化。在商业风险越来越大的今天，把公司的发展系于一人是非常危

第三章　左手权力，右手魅力
——总经理要有"一呼百应"的领袖魅力

险的。健康的企业文化必定是在博采众人之长中建立起来的。

在创业之初，老板往往会对企业事务一把抓。当企业发展到一定规模时，老板的绝对权威将会遭遇挑战。但是，很多老板不愿意将自己一手带大的"孩子"交给别人管理。这是因为，他们大多受传统思想的影响，常把"我的企业我做主，习惯于一切由我说了算"作为座右铭。但是，个人难免会有偏好，会出现差错，所以，为了培养健康的企业文化，老板完全有必要摆正姿态、忍痛割爱。

（1）避免以个人为中心。

老板是企业的灵魂人物，具有权威性。然而，权威并不代表强势，也不代表要将自身意志强加给企业。成功的老板总能从大局出发，适时地进行妥协，以进为退。以人为本的管理方式，才能将员工的意愿反映到企业文化中，才能创建健康、有益的企业文化。

（2）避免目中无人。

老板往往是成功人物。至少较之企业员工来说，他是一家之主。许多老板在企业中会盲目自大，不愿意听取别人的意见建议。广开言路、博采众长才是企业发展壮大的正道，闭目塞听只能让企业沿着老板片面的意志越走越偏。

采众家之长，补一己之短

在越来越激烈的商业竞争中，企业发展单靠管理者的智能是远远不够的。需要集中大家的智慧，采众家之长，补一己之短，这样才能保证管理者所做出决策的可靠性和正确性，避免无谓的疏漏，从而让企业健康成长。因此，企业文化不能被老板文化代替，而应该构建集体智慧的梦工厂。

第四章

立威造势,控制有术
——做一个铁腕领导要有强大的气场

　　威严是领导者必备的气质,"笑面佛"似的领导只能带着企业走向衰落之路。领导者要树立威信,就必须学会制造声势。新官上任时的三把火、员工犯错时的端架子都能让领导者威风凛凛。但同时要切忌威严太威,否则企业将乌烟瘴气、人心惶惶。

1. 新官上任三把火

新官上任先烧三把火的目的，其实不仅仅是改革企业陈旧的制度，或者惩戒员工违章的行为，更是在为自己制造声势、树立威信。三把火的烧法非常重要。如果烧得好，新官就能得到上司的信任和下属的尊重；如果烧不好，等待新官的将是下属的不良情绪和工作局面难以开展的尴尬。

新上任的管理者为了表现自己的工作能力，往往会大刀阔斧地进行一系列的改革。这样做的确可以表现管理者的责任心，但也很容易将公司搞得乌烟瘴气、人心惶惶。因此，新官要放火，但不能随意，也不能鲁莽，而应该有的放矢。这样做不仅可以解决问题，还能显示出管理能力。

事无巨细是很多"新官"常犯的毛病。可是，每件事情都想面面俱到，有时候不仅无法得到员工的敬佩，还会让员工觉得不被信任，同时也会在无形中加重自己的工作量。所以，要学会抓典型，选准突破口，这样才能让你旗开得胜、马到成功。解决员工最关心、最迫切的问题，能够减少管理者的工作量以免不堪重负，取得的效果也将比事无巨细好很多。

做事公私分明最能帮助新官树立权威。因此，新上任的管理者要严抓制度建设，对于违反规定的员工要严格按照规章进行处罚。在处罚员工时，立场一定要坚定，但也要掌握好分寸，注意方法，在坚持原则的前提下灵活处理。

新官上任的三把火并不一定是摧枯拉朽的火，但起码应该是让人耳目一新的火。新上任的管理者不但要就公司陈旧的制度和不合理的现象进行改革，还要学会凝聚人心。与员工分享成果是新官凝聚人心最有效的方法，赞美员工是管理者赠予员工的最好礼物。当工作取得成果时，新官不能为了向上司表现而把功劳都据为己有，而应该和员工分享功劳。分享是对员工最大的激励。

第四章 立威造势，控制有术
———做一个铁腕领导要有强大的气场

新官上任要有策略

新上任的管理者必须通过做事才能确立威信。但是，做事不能莽撞随意，要讲求方法。选准突破口、严抓制度建设、学会分享成果，这样才能事半功倍。

2. 领导要维护自己的权威

"官气十足"的管理者得不到员工的信服，但过于随和的管理者也无法得到员工的拥戴。所以，"架子"有时并不是一个消极、负面的东西，而是具有着积极而微妙的意义，是许多管理者进行企业管理的十分有效的艺术性方法。

"架子"其实就是一种距离感，对于管理者来说，端点架子可以自抬身价。管理者有意识的与员工保持适当的距离，可以有效地维护自身的权威性。管理者需要进行以人为本的管理，需要有亲和力，但是时刻与员工打成一片，会让员工在工作上因为轻慢上司的权威而怠惰、拖延甚至是故意进行破坏。因此，"架子"是管理者维护权威的有效武器。

（1）巩固地位。

过于亲民的管理者会没有威信。因为，在"笑面佛"手下工作的员工会认为好脾气的领导不会惩罚他的错误而玩忽职守、得过且过。所以，管理者必须与员工保持距离，从而使员工认识到权力等级的存在，感受到管理者的支配力和权威性，以实现巩固管理者地位的目的。

（2）保护自己。

管理者处于各种利益和矛盾的焦点上，必须学会很好地保护自己。"端架子"可以增加管理者的神秘性，使管理者的真实意图藏匿在架子之后。员工看不透管理者，自然就不能利用管理者的心理来达到自己的目的。管理者要想更快、更有效地实现自己的意图，必须减少与员工的接触，保持一种神秘莫测的状态，从而使自己的心机不被窥破。

（3）增加魅力。

通常，适当的摆架子表现出来的是管理者的自信心、意志力、傲视群雄的态度以及凌驾于众人之上的气势。这种权威性能使管理者更有魅力，能促员工更加服从管理。

适当的摆架子是领导艺术

具有威慑力的管理者在无形中能够获得员工的尊敬之意。当员工对管理者信服时，他们做事就能听从管理者的意见，不会自作主张。"距离感"也能让员工在工作中更加谨慎小心，不会因为一点小成绩就沾沾自喜，也不会对错误得过且过。所以，适当的摆架子可以帮助管理者提高身价。

3. 做一个铁腕人物

中国古代兵法上讲究"慈不掌兵"，没有铁血手段的将军带不出虎狼士兵。企业管理也是一样，优柔寡断的管理者打造不出强有力的钢铁长城。进行公司日常管理是一件复杂艰巨的任务，管理者每天要面对各种各样的人和事，迎接各种各样的挑战，如果没有铁腕，就无法保证公司的正常运转。

管理者的心慈手软，必定会造成公司的纪律松弛、人心涣散。一盘散

第四章 立威造势，控制有术
——做一个铁腕领导要有强大的气场

沙似的公司是没有前途可言的。管理者要想使公司发展壮大就必须在特定的时候拿出气魄，杀伐决断毫不犹豫。

（1）执行制度要严明。

制度是公司能够正常运行的基础。铁腕领导必须是制度最高权威的坚决维护者。对于违反公司制度、在原则上无法宽恕的员工，绝对不能姑息。坚定性是管理的要诀之一，凡事讲究原则才能保证管理的有效性。如果管理者事事以"人情"为出发点，就是在纵容员工破坏制度，危害公司。

（2）遇事懂得变通。

管理者要有铁腕，并不代表管理者不需要变通。风口浪尖的变通也是铁腕的一种表现。当公司某项制度或者决策严重危害公司利益时，管理者不能因循守旧，要及时选择新的最佳方案。当公司面对复杂多变的市场经济，遇到巨大挑战时，管理者也应该能做出临时决策或非常决策。

当然，铁血手腕并不是残酷无情。管理者在大胆的杀伐决断的时候，还应该考虑到企业的民主性。认真听取并吸收员工的合理意见，这样既能调动员工的积极性，又能丰富管理者的经验。敢于将自己的决策交给大家去评论指正，本身就是一种气魄。

铁腕是企业有序运转的保证

面对现代市场激烈的竞争和巨大的挑战，任何企业都需要铁腕人物的领导。管理者摧枯拉朽、横扫一切的铁血手段，是企业能自如应对复杂多变的经济形势的保障。强有力的管理者必定是立场坚定、讲求原则的人，同时也是懂得变通、追求民主的人。

4. 与下属保持距离

在企业管理活动中，领导人需要建立自己的权威，才能保证命令的有效执行，而员工的尊重是管理者获得权威的基础。孔子说："临之以庄，则敬。"管理者只有与员工保持适当的距离，才能够得到员工的尊敬。

管理者与员工保持适当的距离，可以避免员工之间的嫉妒和紧张。如果管理者与某些员工过于亲近，这些员工很有可能成为众矢之的，遭到其他员工的嫉妒、敌视甚至是排挤。而和管理者关系疏远的员工也会觉得得不到管理者重视，从而使内心缺乏安全感。另外，与员工保持适当的距离，管理者的决策才能不受个人喜好的影响。如果管理者与员工过于亲密，在遇到非原则性问题时，管理者很可能因为个人因素而处理得有失公正。如此一来，员工为了讨得管理者的欢心，就会想方设法地恭维奉承或送礼行贿，这将给公司的管理造成严重的危害。

公司管理人员是组织人力资源管理的重中之重，相对于员工处于核心位置，在信息把握上也具有绝对的优势。如果与员工关系太过亲近，信息很容易被人知晓，优势就会被破坏，不但领导权威会受到影响，公司也将承受难以估量的损失。因此，与员工保持适当的距离，也是确保公司信息安全的必要手段。

美国通用电气公司前总裁斯通曾经提出"人际关系应保持适度距离"的主张，以此避免人际关系上的"马太效应"。作为公司最高管理者，斯通深知与公司高层管理人员接触过于频繁对公司的危害。所以，他在业余时间有意拉大与管理人员的距离，积极与推销员等普通员工交流。这样一来，高层管理人员的优越感大大减退，趾高气扬的作风有所改善。而普通员工在和总裁接触后，感到被重视，积极性大大提高了。

管理者和员工之间的距离应当适度。这个适度表现在：一方面管理者可以与员工保持畅通的交流渠道；另一方面双方的关系又不能过于亲密，更不能厚此薄彼。

适当距离是一种保护手段

与员工适当保持距离是管理者的必备基本素质，它是保证一切管理过程的必要手段。管理者过于随和，其命令和指示的效力就会降低，管理目标就难以实现。与员工保持距离，不但可以保证领导者的威严，防止心怀鬼胎的人胡作非为、弄虚作假，还能有效保护企业的商业秘密。

5. 喜怒都别放在脸上

管理者每天要面对纷繁复杂的管理工作，难免会有情绪波动的时候。不管是狂喜，还是愤怒，都是不良情绪。不良情绪犹如一颗定时炸弹，一旦炸开，就会冲毁管理者平日小心翼翼营建的良好个人形象，很有可能还会被有心人利用，从而对管理工作造成一定的冲击。

将喜怒哀乐随时挂在脸上是没有涵养的表现。没有喜怒哀乐的人并不存在，有高尚修养的人总能够将不良情绪深藏心底。优秀的管理者必定是有修养之人，他们似乎从来没有情绪波动，总是能以一颗平常心与人融洽相处，高效地完成自己的工作。

管理者如果时时将喜怒哀乐挂在脸上，高兴时欣喜若狂，愤怒时大发雷霆，就会给员工一种没有担当的感觉。没有人愿意为没有安全感的管理者工作，喜怒无常的管理者只能众叛亲离。另外，不懂得隐藏和控制自己情绪的管理者很容易被人看穿，一旦被有心人利用，就很可能做出错误的决策。

管理者是企业的脊梁，应该时刻保持泰山崩于前而面不改色的淡定。当企业遇到困难时，管理者应该保持镇定自若的气度。倘若管理者紧张慌乱，那么员工就会成为一群丢盔弃甲的败军。在企业遇到重大机遇或取得巨大成就的时候，管理者也应该保持镇静。因为人在得意忘形时很容易出错，有心人如果在这时想从管理者那里获取利益就易如反掌了。

优秀的管理者从来不把喜怒哀乐表露在外，会以平和的心态、明媚的笑容对待身边发生的一切事情，既不做不良情绪的奴隶，也不会被有心人左右。

领导的平常心 = 员工的安全感

隐藏情绪是管理者达到高效管理的手段，也是保护自己的一种方法。不把喜怒哀乐挂在脸上的管理者无形中总会给人一种神秘感和安全感。有心人难以揣度其心思，便不能左右其决策；员工能从管理者身上看到公司的希望，就愿意追随他。

6. 领导说话要算数

"天下致诚，无信不立"。信用是保证社会组织正常运行的道德基础，是个人安身立命的根本。对于企业管理者来说，说话算数是保持权威的根本，也是现代企业生存和发展的基础。作为企业管理者，一举一动都暴露在全体员工面前。如果不能守信，不能实现诺言，就无法树立威信，保证

第四章 立威造势，控制有术
——做一个铁腕领导要有强大的气场

自己的领导地位。领导不要轻易许诺，一旦许诺就必须做到。因为无法实现的诺言将会导致人心的涣散甚至是企业的全盘崩溃。

管理者对员工的诺言是员工积极性的源泉，如果说话不算数，管理者就得不到员工的信任和尊重。一言九鼎，言而有信的管理者，他的话在企业中才能非常有分量，他的决策与商业计划才能被有效、彻底地执行。

（1）少说多思，不轻易许诺。

所谓"言多必失"。管理者应该尽量少说话多思考，避免被有心人抓到把柄。对于承诺，管理者更应当先确定能否兑现再许诺。许诺却不能实现的管理者将比从不许诺的管理者更加糟糕。同是讲话，有人讲话分量重，有人讲话分量轻，就在于此。多思少说之人一般都能抓住重点，找到要害。而管理者的随意之言必然会造成员工的厌烦和不屑。

（2）一旦许诺，务必要兑现。

在特定情况下，管理者的许诺能够起到稳定员工情绪和提高员工积极性的作用。比如在公司遇到困难时，就需要管理者站出来表态；在员工对加班怨声载道时，管理者就必须给以增加福利的承诺。管理者不许诺，工作开展起来可能比较困难；而管理者不兑现诺言，工作将无法开展。

信守诺言才能树立权威

管理者不要轻易对员工做出承诺，一旦许诺，务必要说话算数。管理者信守诺言，才能树立领导权威，才能顺利开展各项工作。否则，不但会失去在员工中的权威，还会影响到在消费者和合作伙伴中的被信任度。

7. 不要被喜欢，而要被尊敬

　　管理者都希望得到员工的尊敬，但是尊敬并不等于喜欢。如果把尊敬与喜欢混为一谈，管理者的工作就意味着失败。许多领导者都把赢得员工的尊敬，错误地当成获得员工的喜爱。这样在处理与员工的关系上就会陷入被动局面。太过于在乎员工喜好，做事就容易畏首畏尾，甚至会趋于讨好对方，甚至丧失做事的原则。

　　虽然不得罪员工可以换来一时的和谐相处，但这种和谐只是一种假象，更大的隐患在不断地膨胀，总有一天管理者会被员工抛弃。因为，每一位员工的内心深处都盼望一个强有力的领导者，一个可以帮助自己看清未来，把握方向的领导者。一个做事毫无原则、没有任何威慑力的管理者只会让员工轻视。成功的管理者做事必定能把握好分寸，既能保持权威，让员工慑服，也能维护好上下级的良性关系，使员工信服。

　　过于关注员工喜好而毫无原则的管理者会获得员工暂时的喜欢，但不能得到员工的尊重。只有那些既拥有力量，又有道德准则的管理者才能获得员工的尊敬。喜欢是脆弱的，一旦管理者不能满足员工的要求，员工就会变笑脸为怒视。而尊敬是强有力的，只要管理者能够证明他比员工更强悍，要求自己比要求员工更严格，那么即使被鞭策得遍体鳞伤，员工也将无怨无悔。

　　成功的管理者不会去讨好员工，而会用自身魅力去赢得员工的尊敬。适时唱黑脸，会让管理者暂时不被员工理解。但是，当黑脸的良好效果发挥出来后，管理者得到的将是比员工的喜欢更有意义的东西，那就是员工的真心跟随和尊重。

　　要想得到员工的尊重，唱好黑脸角色，管理者必须严格要求自己。规

第四章　立威造势，控制有术
——做一个铁腕领导要有强大的气场

定员工八点上班，自己绝对不能晚一分到公司；要求员工加班，自己必须留下来一同工作。《圣经》上说："你让别人怎样待你，你当怎样待人。"管理者想得到员工的尊重，必须从人文管理出发，把自己和员工平等对待。

用魅力赢得尊重

"笑面佛"能讨好员工却得不到尊重，优秀的管理者都会适时地唱段黑脸。只要能严格要求自己，以人为本进行管理，就能够得到员工的尊重。

第五章

沟通在前,奖惩在后
——学会倾听,管理才会有成效

　　领导者是全体员工的教练,应承担培养员工的责任。沟通和奖惩是领导者帮助员工提高的最有效方法。沟通能够让领导者深入了解员工情况,以便有的放矢地制定合理的培养方案;奖惩能够让员工学会查漏补缺、见贤思齐,以努力完善自身。

1. 让员工知道你的期望

作为员工的管理者，企业领导总是对员工有各种期望，期望员工准时上下班、信守诺言、彬彬有礼等。这些期望都是常理，不过，如果写下来时时提点就显得有些官僚化。但是，如果员工对领导的期望值没有一个清晰地认识和理解，领导的期望标准就会被侵蚀，公司就会出现无组织的混乱状况。所以，管理者应该采取一些措施让员工了解自己的期望。

领导者的期望不仅仅包括希望员工工作能达到的目标，还涉及到日常工作、生活的各个方面，对员工的积极程度有很重要的影响。如果员工能够明确知道管理者心中所想，以及管理者对他们的期望值，他们就会把管理者合理的期望当成追求的目标，并为这个目标不懈努力。出色的领导者总是能够明确地告诉员工他的期望，并给予员工鼓励和信心，这样不仅可以提高员工的积极性，还可以让员工感到自己受到重视，从而在工作中投入更多的精力。

领导者的期望值不是总能和员工的心中所想达成一致。当两者发生冲突时，双方必须以平和的心态进行认真沟通。如果领导者没有一个明确的期望值，员工就会认为他软弱、没主见、立场不坚定，从而忽视其领导权威。而如果领导者过于强硬，把期望强加给员工，员工就会出现抵触情绪，故意达不到期望值或者偷工减料地达到期望值。所以，领导者对员工的期望必须是在考虑客观情况的前提下，与员工协商而成。

领导者对员工不能太过苛刻。期望并不一定要实现，而是督促员工积极投入工作的一种方法。期望多而得到少的情况时有发生，所以领导者不需要抱怨，或者处罚员工。只要员工朝着期望值积极工作了，领导者的目标就达到了。

第五章　沟通在前，奖惩在后
——学会倾听，管理才会有成效

为员工制定合理的期望值

领导者对员工的期望非常重要，向员工明确他的期望更是重中之重。没有明确的期望，员工们就会在工作中找不到努力的方向，就会没有确定感，变得心理脆弱，经受不住挫折。领导者必须为每一位员工制定合理、明确的期望值，并让员工对他的期望有一个清晰的认识。期望值是领导激励员工的手段，只要员工朝着期望值努力工作了，达到或者达不到意义都是一样的。

2."套"出下属的真心话

中国古代兵法上讲究"知己知彼，百战不殆"。运用到管理技巧上就是，管理者如果能够对员工的需求有一个清楚的认识，就能够有的放矢地解决问题，从而轻而易举地达到最好的管理效果。要想了解员工真正的需要并不是件容易的事情，这主要是因为，由于职位的高低不同，员工对管理者总有一层顾虑，这层顾虑往往使他们在管理者了解自己需要的时候，不敢说出真话。而成功的管理者都善于"套"出员工的真心话。

（1）闲聊。

和员工交谈、沟通无疑是了解员工心中所想的最佳方法。然而，沟通也要讲技巧。如果管理者和员工在办公室进行正式谈话，就容易引起员工的警惕和戒备心。为了不得罪管理者或者讨管理者欢心，员工很可能会提供一些管理者想要的答案。如果管理者不直截了当地去提问，而是制造工作之余的不期而遇，然后心情平静自然地进行闲谈，委婉而巧妙地对员工进行提问，这样才能得到想要的答案。

（2）让员工多说。

在与员工进行交谈时，管理者要尽量让员工多说话，鼓励员工多谈自己，追求自我利益。这样做能使员工感觉到自己被重视和尊重，能缩短管理者和员工之间的心理距离。人在心情好的时候总会侃侃而谈，这样一来，管理者就能在员工大量的话语中，捕捉到自己想要的信息。

（3）做个倾听者。

当员工说话时，管理者要认真倾听。当员工感受到自己的想法受到重视的时候，就会向管理者打开心扉。撤掉心理防线之后，员工的话就会坦率真实得多。合格的倾听者要有耐心、有眼神交流、有提问。管理者在听员工说话时，切不可表现得不耐烦，也不能不做任何交流，否则员工刚刚打开的心门就很可能会永远关闭。

做有技巧的倾听者

员工的真心话对于管理者非常重要。管理者可以借此改善自身管理，也可以解决员工最关心的问题以提高员工的积极性。成功的管理者必定是善于发现员工真正想法的人。工作之余的闲聊，鼓励员工多谈自己，做一个合格的倾听者，都能让员工向管理者敞开心扉，说出真心话。

3. 通过有效沟通联络感情

管理者与员工之间的关系不能只是单调的上下级关系，还应该通过有效的沟通进行感情上的交流。对于管理者来说，他们需要通过沟通来了解

第五章 沟通在前，奖惩在后
——学会倾听，管理才会有成效

员工的需求、烦恼和不满。对于员工来说，他们在情绪低落时需要找人倾吐和寻求帮助，最佳选择自然就是与自己朝夕相处的管理者。

事实上，管理者必须学会与员工有效沟通，沟通是领导统御成功的秘诀。没有沟通的统御是死气沉沉的，不愿意沟通的领导则很难得到下属的支持、理解和拥戴。一旦员工不愿意向管理者倾吐心事了，那就意味着管理者的失职。

许多管理者都只希望员工无条件听从命令和指挥，而不进行任何形式的人际关系沟通。这样做在一定程度上虽然实现了统一指挥，但是，员工整天处于一种被压制的状态，其工作热情和积极性将受到极大的伤害。员工也具有人的各种需求，也是需要被尊重的。事实证明：管理水平的高低与领导花在沟通上面的时间的多寡往往成正比。成功的管理者都是善于和员工进行有效沟通的。

沟通是一种艺术、一门学问。有效的沟通并不是管理者和员工聊聊天，而是需要一定的技巧。

（1）做倾听者，而不是倾吐者。

倾听别人说话是有效沟通的一个最重要的技巧。成功的管理者往往也是最佳的倾听者。懂得倾听的领导都能够得到员工的信赖，能够让员工愿意与他交谈。当然，倾听并不仅仅只是面对面的交谈，意见箱、网络交流平台等都是管理者倾听员工心声的重要途径。

（2）要有回应，不只是听听而已。

一些管理者认为只要能够给员工提供一个烦恼的泄洪口就万事大吉了。其实，这种看法是错误的。倾听员工心声却不给与回应，收到员工意见往往让它石沉大海，往往比不倾听还要糟糕。员工的倾诉总是得不到回应，就不会再去倾诉。聪明的领导不仅善于利用各种方式去倾听意见，而且会及时商讨解决方案，研究制定解决策略，并继续追踪直至不再有新的问题发生。

沟通是营造和谐氛围的法宝

与员工进行有效沟通,不仅能够不断发掘员工的潜力,避免因领导单独决策而带来的失误,还能增进上下级之间的关系,在公司形成一种融洽、和谐的工作氛围。

4. 用心听取下属的建议

最成功的管理人员通常也是最佳的倾听者。当管理者学会了倾听,很多问题他都不用亲自去解决,员工会义不容辞地为他做,事后还会对他感恩戴德。所以说,用心听取员工的建议是一种绝妙的管人技巧。

一家私营企业的继承人,在父亲突然重病住院时接过了管理公司的重任。他是家中的独子,在父母的溺爱下变得顽劣不堪。上学时,翘课、打架是家常便饭。大学毕业后,父亲安排他到公司上班,他也是三天打鱼两天晒网。父亲病倒后,他似乎一夜之间长大了。他开始意识到肩膀上的责任,开始希望能为父母和整个家族遮风挡雨。然而,他对公司的事务一窍不通,根本不知道该如何去打理。

不过,他虽然顽劣,却很聪明。认真地和员工接触几天后,他发现往往员工在来询问他的意见时,心中早已经有了一个绝妙的方法。于是,每当有员工向他征求意见时,他总是会先问一句:"你认为应该怎么做?"

于是,员工就会提出方案。一般情况下,在他点头表示赞许之后,员工都会显得很兴奋,工作热情似乎也会提升很多。

继承人认真地执行着这种管理方案,公司上下对他好评如潮。当他的父亲痊愈重新回到公司后,公司高层争着前来夸赞他。他的父亲刚开始以为是公司高层在巴结奉承,慢慢地发现事情似乎不是这个样子,就向儿子了解情况。

当他把事情描述一遍后,父亲哈哈大笑:"你这是'瞎猫碰上死耗子'了。你采用了员工的意见,不但解决了问题,还让员工感觉被重视,对你这位新领导的印象就会非常好。"

不愿听取员工意见的管理者,会给员工留下一种专制、骄横的坏印象。在这样的管理者手下工作,员工会感到不被重视,从而变得倦怠、消极。精明的管理者都会巧妙地运用员工渴望被重视的心理,倾听并采用他们的意见,以激起他们对工作的积极性。

尊重下属从倾听开始

每个人都渴望被重视。当员工感到被管理者器重时,工作热情就会提高。认真听取员工的建议是一举两得的好事,一方面能够让员工觉得被重视而积极工作,另一方面对于管理者自身来说,员工已经为他想好了解决问题的方法,自然大大地减少了其工作量,降低了工作难度。

5. 拆掉上下级间的"隔离墙"

管理者和员工之间往往会因为职位的高低而产生距离。必要的距离能够帮助管理者树立权威,保证决策的安全性。但是,太过疏远就会造成管理者和员工关系的畸形发展,公司将成为一个毫无人情味和生机的冰冷世界。

要拆除管理者与员工之间的隔离墙，就需要管理者主动接近员工，主动与员工沟通，与员工同甘苦共患难。一位成功的领导讲述他的管人诀窍时说："重要的是掌握员工的心态，无论在国内还是在国外，我们一样都是人，只要我们以诚相待就可以了。"

（1）适当融入员工群体。

和员工一起加班、一起搭乘公交车、一起严守公司制度的管理者，更能够获得下属的信赖和认同。如果员工在辛苦加班，而管理者却在参加上层酒会，那么员工对管理者必然不会产生亲切感，只会有自卑感或不协调感。相反，如果管理者能够和员工一起吃餐厅平价的饭菜，管理者高高在上的陌生感就会消失，员工就愿意与他亲近。

（2）学会幽默。

管理者在与员工相处时，不要总是一副严肃认真、毫不放松的模样，即便是在召开非常重要的会议时也不能总是如此。适当运用幽默是亲近员工的一种有效方法。幽默是善意的，会使人感到亲切愉快，可以抵消权力和职位带来的冷漠感。能够放下身段，设身处地为员工着想的管理者，员工更愿意接近他，他的指令也能够更顺利地执行。

（3）有效沟通。

和员工同甘共苦、适时运用小幽默，只能让员工远离和管理者之间的"隔离墙"。而最终将"隔离墙"拆除还得靠有效的沟通。通过有效的沟通，管理者可以取得员工的信任，从而走进员工的内心。双方敞开心扉的交流，隔阂自然就会消失。

攻克员工的心理防线

融洽的上下级关系是每个管理者的追求。但是,由于种种原因,管理者与员工之间总是存在着一定的隔阂。消除隔阂、拆除隔离墙对管理者来说是一种考验。失败的管理者被员工挡在心门之外,聪明的管理者能够通过与员工同甘共苦、进行有效的沟通以及适当运用幽默等手段来让员工自行解除心理防线。

6. 把团队沟通做细做透

沟通是一个团队凝聚不散、政令畅通的必要手段。管理者通过沟通发挥影响力,激励员工;员工通过沟通反映心中所想,争取更多利益。一个团队如果缺少了沟通,就会陷入混乱的境地,变得毫无前途。沟通能树立领导者良好形象,使员工获得工作激情,使团队的目标最终实现。

沟通并不是一件容易的事情。对于管理者来说,要把团队沟通做细做透是一个巨大的挑战。管理者在进行沟通时必须把握好以下三个原则。

(1)用心与下属沟通。

管理者要确保决策的正确性和时效性,就必须时刻关注下属的执行情况,了解他们的真实想法,只有学会真心与下属沟通,管理者才能够广泛搜集信息、分析信息,做出科学判断。员工对管理者的陌生感,阻止他们不愿意向管理者敞开心扉。管理者必须付出真心去感化员工。没有加入真心的沟通无异于隔靴搔痒,根本解决不了实际问题。

(2)大胆与上司叫板。

管理者的最基本能力就是有效沟通。这种沟通不仅包括与下级的沟通,还包括与上级和平级的沟通。上司拥有对中层领导的生杀大权,一般情况下,得罪了上司就等于丢掉了饭碗。所以,许多人对上司有一种天然的畏惧,不敢向上建言,不敢大胆交流。片面地强调与下级和平级的沟通显然是不够的,优秀的管理者往往能够从维护企业利益的角度出发,放下思想包袱,大胆向上级建言并与之主动交流。

(3)做平级的知己。

在工作中,平级之间往往存在着激烈的竞争关系。平级之间缺少知心的沟通交流,会造成相互猜疑,或者互挖墙角的恶劣现象,严重影响公司的日常运作。因此,管理者要注重与平级保持团结,相互学习,共同进步。

进行有效沟通

沟通很重要,但是沟通并不总是发挥正面作用,只有将沟通做细做透才是有效的沟通。管理者要从沟通中获益,就必须放下架子与下级真心交流;消除顾虑与上司大胆交流;端正思想成为平级的知己好友。

第六章

照章办事,有法必依
——制度就是用来遵守的

制度是公司的生命,没有制度公司就会失去生机。制度完善的公司,各项事务都能够井井有条地进行,制度涣散的公司只能陷入一片混乱。制度面前人人平等,没有人可以越越制度。管理者必须成为维护公司制度最高权威的模范代表,正确处理人情与制度的关系。

1. 纪律是公司的生命

俗话说，"没有规矩，不成方圆"，国家需要法律，公司需要纪律。与纪律相比，公司其他的一切都是第二位的。纪律是公司的生命，没有纪律，公司就会失去生机。管理者应该充分认识到纪律的重要性，带头维护纪律的最高权威。

摩根斯坦利董事长兼 CEO 普赛尔说："所谓的企业管理就是解决一连串关系密切的问题，必须树立健全的规章制度，以便系统地予以解决，否则必将造成损失。"纪律像是一只无形的手，左右着公司的走向。如果失去纪律，公司的日常运行将会陷入一片混乱之中，甚至会让公司走上歧途，导致灭亡。

拥有完善的纪律，公司的各项事业才能够井井有条地进行，管理者的决策才能够更加准确明智，对市场的适应能力才能更强。完善的制度是公司赖以生存的基础，是公司在市场竞争中获胜的保证，为公司的发展壮大提供源源不断的动力。严格执行纪律对于公司来说不是"要不要"的问题，而是"一定要"的问题。公司在市场竞争中处于优势或是劣势很大程度上取决于纪律这只隐形的手。

公司纪律应该具有最高权威，不管什么人都应该受到纪律的制约。管理者要严格执行公司纪律，必须遵守以下原则：

（1）纪律是对一把手的制约。

管理者是企业的方向标，一举一动都暴露在全体员工面前，因此应该成为纪律最模范的遵守者。有管理者为员工树立榜样，员工就能够自觉地维护纪律的权威性。

（2）纪律面前人人平等。

在原则问题上，管理者必须扮演冷血无情的角色。触犯纪律就要受到应有的惩罚，不论他是谁，职位有多高，功劳有多大。执行纪律不能讲人情，因为纪律执行的好坏关系到整个组织的生死存亡。如果管理者心慈手软，处处讲人情，没有任何原则，公司的纪律就将形同虚设，起不到任何约束作用。

（3）守纪律并不代表毫无人情。

纪律无情，人却有情。管理者在执行纪律的时候应该学会变通，在原则之外适当地讲究一下人情。如果管理者只懂得铁面无私地执行纪律，而对员工的个人情况毫不理会，那么纪律在员工的眼里就会成为凶神恶煞的刽子手，进而对其产生敌视情绪。

没有纪律，公司就会失去生机

纪律是保证公司日常事务顺利运作的基础，管理者必须制定并不断完善公司纪律。纪律应当具有最高权威，任何人在纪律面前都是平等的，特别是管理者要模范地遵守纪律。但是，遵守纪律不能成为不讲人情的借口。原则之外，管理者还要学会变通。如此，纪律才不会被员工仇视，才能被心甘情愿地遵守。

2．建立严格的岗位责任制度

孟德斯鸠在《论法的精神》中指出："一切有权力的人都容易滥用权力，这是亘古不变的一条经验。有权力的人使用权力一直到遇有界限的地方才休止。"在企业的发展过程中，如果员工不能各尽其职，而是不断出现玩忽职守或者僭越治权的现象，那么企业就会陷入一片混乱之中。纵观中国历史，几乎每个朝代的衰落都是从职权混乱开始的。对于企业来说也是如此，没有岗位责任制的企业离倒闭也就只剩下一步之遥。

为了实现人尽其责，避免员工越位，管理者必须建立严格的岗位责任制。严格的岗位责任制不仅是公司日常事务能够顺利进行的重要保证之一，也是变化莫测的现代经济形势对企业的要求。没有建立岗位责任制的企业，在遭遇商业危机时就不能有条不紊地应对。

比如，某类产品包装出现问题，客户要求退货，企业面临巨大挑战。此时管理者必须找到出现差错的工序，才能从根源解决问题。质检部门会把责任推给生产车间，生产车间又把责任推给设备管理部门。如此一来，解决问题的最佳时间就会被错过。如果拥有明确的岗位责任制，包装出现问题归质检部门负责，质检部门发现问题时就会及时通知生产车间。如果是设备的问题，生产车间就会立即通知设备部门前来检修。如此不但可以提高工作效率，还能大大降低出现残次品的频率。

因此，企业管理应将岗位责任具体一点、细致一点，不同岗位的人要重点落实其责任核心，把权和责紧密结合，科学合理、实事求是地把职责量化。如此才能避免工作的失误，有效地激励员工，控制企业运行风险，促进部门间的沟通，提高办事效率，促进企业健康稳步发展。

员工各就其位，公司才能健康发展

权力越大，就越需要对其进行监督和制约。严格的岗位责任制能够让公司高层明白，绝对的权力意味着绝对的责任。对于普通员工来说，对岗位责任不明确很容易造成玩忽职守、僭越职权。因此，科学合理的岗位责任制度是企业内部权力制衡和有效运行的重要保证。对企业岗位责任做出明确规定，能够使大家各就其位，避免出现内部责任推诿及内讧争斗的情况，促进公司健康发展。

第六章 照章办事，有法必依
——制度就是用来遵守的

3. 建立组织运行规则

"国有国法，家有家规"，国家没有法令制度就会灭亡，家庭没有规矩就不能兴旺。对于一个企业来说，如果没有严格的运行规则，就会陷入混乱。而有了规则不去执行，企业也无法正常运转。所以，企业要发展壮大，就必须建立完善的制度，并且要求全体员工严格遵守。

没有制度的企业就如同一盘散沙，风一吹便四散天涯，发展壮大将无从谈起。企业必须建立运行规则。而不到位的制度等于无制度。建立公司制度之后，管理者还应该不断地完善自身制度，以保证其适应公司不断发展的形式。

管理者在制定和实施制度时务必要细致、具体，从小处出发，以细节为着眼点。然而，这并不意味着制度越多越好，铺天盖地的制度相当于作茧自缚。梳理好公司各项制度的关系，便于公司制度成为一个完整的体系，犹如一棵树没有旁逸斜出的枝权，是对公司制度最好的优化手段。建立一个完整、明确、精简的公司制度体系能提高公司的运作效率，确保公司取得长足的发展。

制度是企业发展壮大的先决条件。有了良好的制度并不等于企业就可以高枕无忧了。没有制度很可怕，有了制度不执行、不遵守就更可怕。在执行制度上出现问题，会给员工造成"制度是一纸空文"的心理，严重影响企业的日常管理；在遵守制度上出现问题，员工就会错误不断，使公司蒙受巨大的损失。如果想让公司制度切实发挥它的作用，管理者必须严格执行制度，坚决按照制度办事，决不能偏听偏信，杜绝息事宁人的做法；员工必须对公司制度绝对服从，不能钻制度的空子，也不能得过且过。

蒙牛集团董事长牛根生说："一个事业能不能成功，关键靠制度设计。"有了规章制度，严格按规章制度办事，企业的各项工作就能有条不紊地进行，企业就能高速有效地运转。

企业壮大靠规则

企业的发展壮大离不开规则的约束和指引。良好的运行规则，能够规范公司的日常管理，统一员工的行为，保障各项工作有序进行。企业要想做强做大，就必须有一套行之有效的运行规则。要想让规则的积极作用充分发挥出来，管理者必须以身作则，为员工树立遵纪守法的榜样；员工要积极配合管理者工作，自觉遵守企业运行规则。

4. 用制度约束下属

韩非子说："凡治之极，下不能得"。意思是说，治理天下的最高境界，就是使臣下无机可乘，管理企业也应该如此。人都有趋利避害的本能，当企业事务与员工意愿相违背时，员工往往会下意识地要按照自己的意愿行事。然而，如果每位员工都按照自己意愿行事，企业运行就会偏离正常轨道。因此，企业必须有一套完善的制度来约束员工。

规章制度对于任何组织的有序运转，大到国家，小到家庭，都是至关重要的。科学合理的公司制度是权责明确的保证，提升效率的关键。员工有条不紊地工作是建立在严格而有效的管理制度基础上的。有效的制度约束让员工不得不对工作负责，否则就将受到惩罚。

纵观世界各大跨国公司，它们之所以在商业世界里所向披靡，不仅在于它们强大的资本，更与其自身适应市场竞争形成的健全制度约束密切相

第六章　照章办事，有法必依
——制度就是用来遵守的

关。在拥有完善制度的企业里，员工才能够知道什么可为，什么不可为，在做不能做的事情时才会被可能造成的严重后果约束。依靠完善合理的企业制度，包括管理者在内的全体企业成员才得以在自己的职位上各安其位，按部就班地从事确定的工作，投机作弊的行为才会减少。

公司制度必须具有绝对的权威。管理者应该给制度配上一副"尚方宝剑"，使它对任何人、任何事都有杀伐决断的权利，而不因权力大小、职位高低而有所偏颇。

以肯德基为例，这家世界闻名的快餐企业创立半个世纪以来，赢得了全世界的好评，主要得益于完善的公司制度对每一位员工强有力的约束。温馨的就餐环境、无微不至的服务是其主要的竞争优势。肯德基对每一位员工都有严格的考核制度，稍微出现一点差错就要接受惩罚。在复杂严密的考核制度下，员工对分内的工作都非常认真负责。

企业想要有序发展，就必须建立相应的管理制度。企业要想取得巨大的成功，就必须使企业生产经营的每个环节在严格的企业制度的规定下运行。管理者要成为公司制度的最高维护者，要运用公司制度约束员工的行为。

制度是对员工最好的约束

运用道德力量只能引导有良好修养的员工。而企业员工的素质良莠不齐，要想取得最佳的管理效果，管理者必须依靠制度的力量。高明的管理者一定善于用制度来约束员工，通过建立科学有效的企业制度，保证各项指令的顺利实施。

5．对人的管理应在制度之内

　　制度对企业全体成员的日常行为都具有约束力，并不意味着可以约束企业成员日常行为的各个方面。员工是具有独立人格的正常人，必定有独特的爱好、追求、交际以及个人隐私。这是人作为社会群体在生存中必不可少的实际内容，不能完全取消。因此，管理者应该注重管理的人性化，在制度范围内对员工进行管理，对于员工的隐私要给予充分的尊重。

　　管理者在进行管理时应该明确自己的权限范围，避免越过权力范围将管理之手伸向员工的私人空间。部分管理者会将"私欲"与"隐私"混为一谈，认为员工不能向公司奉献出一切时间、一切精力和隐私，就是别有用心。这种想法很容易疏远上下级关系，会给管理工作带来巨大的危害。尊重员工的个人隐私，在制度范围内对员工进行管理，体现了管理者的人文精神，是管理者对员工充分信任、视员工为家人的表现。被尊重和信任的员工对公司会有极大的归属感，会以主人公的心态全身心地投入工作。

　　管理者的好奇心或者控制欲太强，对员工的任何事情都刨根问底，是不遵守公司制度的表现，会严重破坏制度的权威性。在这样的管理者手下工作的员工会认为，制度之外的事情管理者都可以干涉，那么企业并不是制度至上，而是领导者至上。

　　为了培养员工对公司的归属感，大部分企业都会进行"以公司为家"的教育。但是，要求员工为公司无私奉献，并不等于员工就要完全依附于公司。管理者对员工的管理应该严格限制在制度之内。把过多的精力浪费在制度之外，不仅是对员工的不尊重，更是在浪费时间。因为任何事情的发生都有其复杂的原因和背景，把每个细节都梳理得清清楚楚难度很大。而且，通常情况下，刨出的根、问出的底并没有多大价值。

　　私生活正常健康的发展是个人全面发展的重要组成部分。管理者不应该干涉员工的私生活。为员工留点私人空间，把精力放在事情的主干上，才是一个管理者应该具备的眼光和胸怀。

> **尊重员工隐私**
>
> 　　如果私生活得不到尊重和保护，员工的身心就会受到伤害，产生病态心理，从而影响到日常工作。因此，管理者应该尽量克制好奇心和控制欲，对员工的管理严格限制在制度的范围内。尊重员工的个人隐私是管理者气度胸怀和容人之量的体现。

6．人情归人情，事情归事情

中国传统文化讲究人情关系。在传统管理中，管理者往往把人情放在第一位，为亲朋好友谋取便利，致使企业成为效率低下的家族企业。在现代管理中，人情是一个极大的困扰因素。现代企业要想在激烈的市场竞争中获胜，就必须创建公平合理的工作环境。如果凡事讲求人情，原则就会被感情所代替，公平合理将无从谈起。

人是有感情的动物，中华民族是重情义的民族。以情管理在中国企业中能发挥着巨大的正面作用。然而，只讲人情，不讲原则也是绝对不行的。任何事情都要一分为二地看待。管理者的亲和力能够获得员工的信任和拥护，而太过随和的管理者会养成员工得过且过、消极怠慢的坏习惯。所以，管理者在进行日常管理时要人情归人情，事情归事情。

一个充满活力、快速发展的企业必然是一个纪律严明，同时尊重、关心员工的企业。严明的纪律能够保证企业各项事务有条不紊地进行，保证企业在面临危机时有足够的能力应对；而尊重员工成果，关心员工生活，为员工提供反省成长的机会,尽全力满足员工合理的要求,则能够提高员工工作的积极性,为企业聚集人才。对于现代企业来说,人情与原则相辅相成,二者缺一不可。但是,人情与原则又不能混为一谈,该讲原则时必须大公无私,而在原则之外也应该对员工网开一面。

"人情"是个温情脉脉的名词,但如果运用不当,就会成为剥夺企业生命的刽子手。人情用在工作努力、有贡献的员工身上是一种爱护和精神鼓励,会产生出巨大的精神动力。而不分场合,随意地施舍自己的人情,就会给企业带来严重的不良后果。市场无情,不会因为某位员工是管理者的密友,就不让其为错误付出代价。所以,管理者在执行企业制度时必须严格执行,而人情可以用在工作之外。

一分为二地看待人情和原则

现代企业管理的真谛就是一分为二地看待人情和原则,凡事讲求一个度。该讲原则时绝对不能手软。但是,制度不能成为冷漠的理由,在原则之外,管理者还应该尽其所能给员工以关怀和帮助。

第七章

培植干将,聚拢人才
——想坐稳江山必须有更多的"自己人"

光杆司令无法打败敌人,企业管理者培植心腹才能坐稳江山。心腹不仅可以协助管理者处理纷繁复杂的日常事务,还能够帮助管理者完善管理技巧。然而,人心并不是随随便便就能收买的,管理者必须学会培植心腹的方法,比如真心对待员工、替员工承担责任等等。

1. 培养心腹，办事不难

俗话说："一个好汉三个帮，一个篱笆三个桩。"企业管理者要有三两个心腹，才能够坐稳江山。心腹并不是说有就有，管理者必须学会培植心腹的方法，聚拢大量人才，并使人才心甘情愿地辅助自己的事业。

管理者只有一颗头脑、两只手，显然不能应对企业大大小小各种事情，这时候就需要有人来帮助。首先，管理者必须保证这些帮手是诚心诚意地追随自己，否则不但不能协助管理，一旦被别人拉拢，对企业来说更是一颗威力无比的定时炸弹。其次，贤明君主讲究"亲贤臣、远小人"。管理者必须选择能力过人、品质优良的人做自己的心腹。所谓"近朱者赤，近墨者黑"，管理者如果选择品质差的人做心腹，管理必定出现差错。

培养心腹，并不是简简单单地选择几个人，让他为自己办事，而是一件非常复杂的事情。

（1）家有梧桐树，才能迎来金凤凰。

管理者和心腹之间是一个双向选择的关系。不仅管理者要选择能力过人、品质优良的人才来做心腹，人才也要选择优秀的管理者跟随。如果管理者能够注重提高个人修养和能力，让自己成为一棵高大的梧桐树，那么就不用担心引不来金凤凰。

（2）心腹要遍及企业的各个阶层。

管理者要想管理好企业，就必须对企业的各项事物都有一个清清楚楚的认识。这就要求心腹应该遍及企业的各个阶层，并让他们成为自己的手和眼睛。这样一来，管理者的眼睛就能盯住企业的各个角落，手就能触及企业的各项事务。

第七章 培植干将，聚拢人才
——想坐稳江山必须有更多的"自己人"

心腹是最好的帮手

管理者必须学会收买人心，让优秀的人才成为自己的心腹，这样才不会动摇自己的根基，江山才能坐稳。只有自身修养提高，人才才能心甘情愿归附，所以管理者必须注重自身的"内美"。同时，不是人人都可以当心腹，管理者必须选择能力强、品质优良之人，以确保心腹能发挥积极作用。另外，管理者培养的心腹要遍及企业的各个阶层，如此才能让自己对企业的各项事务都有一个全面的把握。

2．面对下属，要有担当

企业的管理者应该义不容辞地承担起保护员工的责任。对于企业来说，员工就是细胞。当员工出现问题时，企业也会随之产生病变。因此，管理者必须保护好每一位员工。而对于管理者来说，只有切实为员工着想，才能得到员工心甘情愿的追随。对于员工来说，"大树底下好乘凉"，他们都愿意选择在有担当的管理者手下工作。

（1）企业危难时，管理者要挺身而出。

当企业遇到危难的时候，企业上下必定人心惶惶。比如，企业的破产带给普通员工的危害，要比带给企业高层的大得多。因为企业高层拥有的能力、技术或者人脉，是不会随着企业的倒闭而消失的，但是普通员工稳定的工作和薪水却会因此付之东流。所以，在企业遇到危难的时候，最担心的是普通员工。管理者应该在这个时候站出来，安抚员工情绪，给员工以信心。

（2）**员工犯错时，管理者应该耐心教导。**

员工出现错误时，管理者一定要冷静处理，尽量给员工改过自新的机会。从某种程度上讲，员工犯错，管理者也有间接责任。负责任的管理者都会平心静气地把事情弄清楚，然后和员工一起讨论补救措施，并帮助员工改错。乱发脾气、要求苛刻的管理者将永远无法树立威信。

（3）**给员工改错的机会，并不等于包庇员工的错误。**

给员工改错的机会，是管理者从人文管理的角度出发对员工的保护，但这并不意味着管理者要包庇员工。当客户向管理者投诉某位员工时，管理者必须站在客观的角度评价双方的对错，如果是员工的责任，管理者必须和员工一起认错，绝对不能包庇员工。包庇员工虽然可以让员工获得暂时的利益，但是从长远角度来说是对员工的不负责任，也是对企业的不负责任。

为员工撑起一片蓝天

管理者作为企业的脊梁，必须为员工撑起一片蓝天。只有有担当的管理者才能被员工信服，才能让员工心甘情愿的追随。

3．用真心换忠心

跳槽已经越来越成为现代企业的困扰。往往"跳槽"之人都是对企业意义重大的优秀人才，一个优秀人才的离去有时可能意味着企业失去了一个跳跃式发展的机会。稳定的人才团队对于每一个现代企业来说都非常重要，所以如何留住人才就是对管理者的一个巨大考验。

第七章 培植干将，聚拢人才
——想坐稳江山必须有更多的"自己人"

中国社会非常注重"情"字，人情债是永远还不清的。所以管理者要想留住员工，获得员工的忠心，就必须对员工付出真心。

具有法律效力的契约、丰厚的薪水对人才并不一定具有吸引力，而用真诚的情去打动下属的心才是留住人才的最佳途径。如果管理者对待员工像对待手足兄弟一样，那么员工就会真正成为他的手足兄弟，为工作全力付出。而如果管理者只把员工当作赚钱的机器，那么其他人的一点点温暖就能让员工抛弃原有的老板。管理者要想用真心换忠心，就必须做到以下要求：

（1）相信员工。

真心是发自内心深处的感受。管理者要用真心对待员工，就必须从内心深处尊重每一位员工，相信他们的潜力，关注他们的成长。管理者对员工能力的肯定，在员工看来，就是一种知遇之恩。高山流水、羊左之交讲述的都是知己之间生死相交的故事。为了报答管理者这个知己，员工自然不会被外界利益所诱惑。

（2）放下领导架子。

面色柔和、态度诚恳、幽默风趣的管理者总能给员工一种如沐春风的舒服感。上下级关系在和谐的工作氛围中变得越来越好，员工想要跳槽的念头就会不断减少。如果管理者根本不愿意与员工诚心相交，总是以一副高高在上的姿态面对员工，员工就会对其反感、厌恶。

（3）接纳、赞赏员工。

管理者应该学会适时地对员工的工作做出肯定。当员工的成就感得到满足时，就不会产生换一份工作的念头。如果管理者不愿意接纳比自己优秀的员工，渴望实现人生价值的员工就会另择明主。

用真情杜绝跳槽

唯有真情才能打动员工，唯有真心才能换来忠心。聪明的管理者总是能让员工时刻找到存在感和成就感，时刻感受到管理者对他们的器重和依赖。如此，员工就不会萌生跳槽之心。不能"留人"的管理者往往是不愿意付出真心的人，没有"真心"的牵绊，人才跳槽就会少了许多顾虑。

4. 给幕后英雄露脸的机会

每一个组织都有幕后英雄。他们为组织的发展兢兢业业，却因为工作的特殊性得不到应有的关注。幕后英雄都非常了解自己的工作，不求引人注目而能默默地工作。他们在工作上的付出对于组织来说是不可或缺的，而他们不追名逐利的品质也是企业的巨大财富。

幕后英雄不追求别人的注目，所以他们的功劳常常被那些喜欢制造事端、夸夸其谈者霸占。通常情况下，管理者并不能看穿其中的迷雾，会对那些窃取功劳的人大加赞赏，反而冷落了真正的功臣。每个人都希望自己的辛苦付出得到别人的认可和赞赏。幕后英雄虽不求闻达，却也需要肯定。如果管理者一直忽视他们的努力，他们就会感到被人利用，遭受剥削，因而灰心丧气，进而很可能会采取不再卖力或进行一些消极怠工的行为来进行反抗。

管理者在进行企业日常管理时，应该时刻意识到幕后英雄的存在。寻找幕后英雄，给幕后英雄露脸的机会，不仅对他们是一种激励，对于全体员工来说也是一种激励。因为幕后英雄不仅是能力过人之人，还是品质优

第七章 培植干将，聚拢人才
——想坐稳江山必须有更多的"自己人"

良之人。全体员工都应该以他们为榜样，学习他们埋头苦干和淡泊名利的精神。

寻找幕后英雄能够让管理者更加深入人心。能够注意到幕后英雄，将幕后英雄推到人前，赞扬他们的工作是管理者关心每一位员工的表现。这样一位细心又尊重员工的管理者怎么会不被员工所追捧呢？

给幕后英雄露脸的机会，肯定幕后英雄的功劳，对于幕后英雄来说，他们的辛苦得到了肯定，工作的积极性就会提高；对于全体员工来说，他们多一个学习的榜样，在见贤思齐思想的影响下，他们会进一步提升自己；对于管理者来说，不仅为自己发掘了一批能臣干将，还收获了员工的信任和尊敬。所以，寻找幕后英雄对管理者和企业来说，都具有重大的意义。

幕后英雄可以成为干将能臣

幕后英雄兢兢业业地工作，不求关注，不爱炫耀，是工作能力强、品质优良的人。管理者不应该浪费大量时间应付那些叫嚷抱怨者，而应该把精力投入到寻找幕后英雄的工作上。因为那些幕后英雄永远是管理者的心腹干将，是管理者的可靠助手。

5．找到适合当心腹的人才

虽然寻找和培养心腹对于管理者来说非常重要，但并不是所有愿意跟随管理者的人都有资格、有能力成为心腹。阿谀奉承的心腹会让管理者看不清现实；精于钻营的心腹会让管理者的决策出现失误；能力欠佳的心腹会让管理者的指令得不到有效的实施。所以，选择合适的人才是培养心腹的重中之重。

适合当心腹的人才要能够规劝管理者的不当行为、帮助管理者决策、对管理者忠心耿耿，因此，优秀的心腹人才必须具备以下特点：

（1）忠诚。

对心腹的要求，忠诚应当放在第一位。心腹与管理者密切接触，掌握管理者大部分机密。如果心腹被别人收买，商业机密就会被泄露，企业将蒙受巨大的损失。随着市场竞争的日益激烈，人才成了各大企业争抢的对象，跳槽的人越来越多。因此，管理者对心腹忠诚度的要求应该越来越高。

（2）实干。

管理者的心腹应该遍及企业的各个阶层，能力大小会良莠不齐，但必须都是实干人才。实干型人才是所有企业的必需人才。他们埋头苦干、任劳任怨、高效率、高质量、高节奏的完成分内工作。有实干之人相助，管理者的工作就会顺利许多。然而这类人在大多数情况下缺乏自我保护的意识与能力，因此他们总为明枪暗箭所伤。作为一个有爱心的管理者，要善于为他们保驾护航。

（3）正直。

心腹不但要协助管理者工作，还要对管理者起到监督和督促的作用。选择正直的人当心腹，管理者就能够正确认识自身得失。如果管理者周围聚集了一大批心术不正之人，那么他们的错误就会无人规劝，成就就会被大肆炫耀，这必将造成管理者的失策。

没有心腹的帮助，管理者就如同没有翅膀的雄鹰，抱负无法施展。有员工愿意追随，却用人不当，管理者就如同在身边放置了慢性毒气。只有选择合适的人当心腹，管理者才能如虎添翼，呼啸山巅。

第七章 培植干将，聚拢人才
——想坐稳江山必须有更多的"自己人"

左右手必须强有力

心腹对于管理者来说如同左右手，两只手必须是健康的，强有力的，这样才能够发挥应有的积极作用。因此，管理者必须选择合适的人做心腹。而只有那些忠诚、实干、正直的人，才是心腹的最佳人选。

6．把"刺头"收为"心腹"

每个企业都会出现这样一些人：他们颇有个性，不愿意受到过分的约束，总能在人群中凸显出来，似乎无时无刻不在兴风作浪。对于企业的管理，他们似乎总是采取不合作的态度，总能找出管理的漏洞，并和管理者叫板。管理者往往把这些人当成企业中最不安分的分子，是企业中违反纪律、煽动不满情绪的罪魁祸首，对他们进行打击和约束。其实，这种做法是错误的。

企业中的"刺头"看似在扰乱企业日常管理，其实他们的行为是对企业管理的监督和反馈。如果管理者能够正确地看待和对待"刺头"，他们将成为企业中的积极力量。管理者要有效地利用他们的个性特点，与其和平相处，为其提供充分施展"个人魅力"的空间，这样就能把"刺头"变成堪当大任的心腹。

首先，"刺头"总能在人群中凸现出来，说明他个性张扬、开朗活泼。开朗好动之人普遍人缘比较好，再加上其"煽风点火"的天赋，其组织和感染能力一定非常强。企业人际的和谐需要人们在一次次的集体合作、活动中逐渐培养形成，刺头似乎便成了这些活动的最好组织者。

其次，"刺头"都是头脑灵光之人，他们不拘泥于形式，敢于创新。

随着企业的发展，企业没有来得及改善的陈旧制度最终会流于形式，这些东西会限制员工创造性的发挥。"刺头"是这些陈旧制度的终结者。如果管理者能够将他们的创新精神加以利用，会为企业带来巨大的活力和动力。

"刺头"是企业的新鲜血液

愚昧的管理者会将员工修剪成一个模子；聪明的管理者则会因势利导，充分利用"刺头"的积极性，把他们变成自己的心腹，让他们为企业引入活跃的思维空气和自由开放的绝妙气氛，为企业的创新活动提供良好的氛围。

第八章

以人为本，顺从人性
——"顺毛摸"让倔驴听你指挥

员工是企业利润最主要的创造者，员工的创造力和积极性关系着企业的成败。如果管理者不能很好地管控员工，企业就没有前途可言。员工是具有七情六欲的人，管理者必须采取"以人为本"的管理方法，用柔性手段四两拨千斤。

1. 别把员工当机器

员工通过工作为企业带来利润，是企业利润最主要的创造者。管理者雇佣员工，归根到底是想通过员工的工作来为自己创造财富。从这种意义上来说，员工就如同印钞机，不断填满老板的钱包。然而，管理者绝对不能把员工当机器。员工一旦被冷漠的当作机器，他们的创造力和积极性就会减弱，甚至消失殆尽。

企业尤其是处于创业或发展初期的企业，需要强有力、具有绝对权威的管理者和能够贯彻管理者意图的执行者。在这一时期，每个人的潜力都被最大限度的发挥，人像机器一样不停地工作。创业初期，管理者和全体员工心中都有共同的、强烈渴望实现的目标，高强度的工作对于他们来说是实现目标的捷径。

然而，当企业发展到一定阶段，第一代创始人已经功成身退，或者升职为管理高层，管理者就不得不考虑人性化的管理。人性化的民主管理是现代企业管理模式的核心元素。管理者必须以一种人文关怀的态度来对待每一位员工，关注他们的成长发展，以及他们的生活需求。新一代的员工在企业蒸蒸日上之时进入公司，无法体会到第一代员工把企业当作孩子的心情，因此其创造力和积极性需要激励。如果管理者不能转换思想，还像对待第一代员工一样竭力挖掘他们的潜力，员工就会感觉到被剥削、被压榨。

管理者的冷漠必定造成上下级之间的隔阂。如果管理者只是把员工当作机器来看待，鞭策他们不停歇地劳作，对他们的个人需求不管不问，员工就会把管理者当成罪恶的剥削者，上下级关系会越来越紧张。在这种情况下，员工就会把工作当成一种谋生的手段，除了追求高薪水外没有其他理想，一旦有更好的机会他们会毫不犹豫地抛弃和他们毫无感情可言的管理者。

第八章　以人为本，顺从人性
——"顺毛摸"让倔驴听你指挥

学会人性化管理技巧

在企业管理中，如果员工不被当作人看待，他们就会变得同样冷血无情。聪明的管理者都会采用人性化的管理，来对员工进行情感激励。当员工意识到被尊重、被重视，他们就会用百分之百的努力去回报管理者的知遇之恩。

2．制度是死的，人是活的

在企业中，制度拥有"尚方宝剑"，任何人在制度面前都是平等的，没有人能够挑战制度的最高权威。惩罚是企业正常运行必不可少的手段，能使犯错者吸取教训，让其他人引以为戒。如果对违反公司制度的人太过心软，就会影响到其他员工的工作情绪，降低团队生产力和士气，甚至会导致员工大量离职。然而，制度不能成为管理者对员工冷漠的借口。制度是死的，人是活的。在原则之外，管理者应该容忍员工合理的错误。

没有人愿意接受惩罚，惩罚往往会给人的身体和心灵带来伤害。许多管理者为了安抚员工情绪总是"大事化小，小事化了"。这种做法的后果是犯错者得不到惩罚会一错再错，其他员工得不到警告也会犯同样的错误。所以，管理者在执行制度时要灵活处理，但并不代表管理者可以无视制度的权威。制度必须拥有最高权威，管理者的灵活处理只能在制度之外进行。

人具有主观能动性。在个人行为与制度发生冲突的时候，聪明人总会绕道而行，既不违反制度，又能实现既定的目标。管理者在处理员工错误的时候，应该充分注重感情因素，做到既维护了制度的权威，又能得到员工的理解和尊重。倘若一味地秉公执法，可以让管理者维护自身权威，但却会失去人心,最终导致企业的混乱。严刑峻法不是治国安邦之道,同样也不是管理企业的科学方法。

韩非子曾经说过:"凡治天下者,必因人情。人情有好恶性,故赏罚可用。"管理者只有充分处理好惩罚与人情之间的关系,严格按照制度来惩罚员工的错误,在制度之外给予员工力所能及的帮助,才能够创造良性的上下级关系以及和谐的企业氛围。

管理者要"将心比心"

管理者在工作时要做到一碗水端平,不能对制度的公平性有任何破坏。但是,太过苛刻的制度、太过冷漠的执行态度会让员工感到不安。"安人"是管理的最终目的。在制度之外,管理者要"将心比心",充分考虑人情因素。

3. 管得过严会压抑积极性

对于管理者来说,严格按照企业制度进行企业日常管理是无可厚非的。但是,如果一个管理者事无巨细地掌控一切事务,不仅会加大自己的工作量,还会让员工觉得他管得太细、太严,不留给员工一点自由发挥的余地,从而压抑他们的积极性。因此,管理者在进行企业管理时要把握一个度,既不能太宽松,也不能过于严厉。

(1)管得过严,员工就会怠慢。

心理学家说:"对创造者来说,唯一最好的刺激是自由——有权决定做什么和怎么做。"如果管理者对员工的要求太过苛刻,掌控员工工作的

第八章 以人为本,顺从人性
——"顺毛摸"让倔驴听你指挥

各个方面,员工就会失去发挥潜能的机会,积极性势必遭到挫败。试想一下这样的情况,在处理一份工作时,员工已经有了一个好方法,但是管理者却已经把事情安排好了,并要求员工照做。这种事情发生之后,员工很可能就不再愿意自己动脑,团队的创造力自然将受到压抑。

(2)管得过严,不利于培养和锻炼员工的实际工作能力。

许多管理者对员工管得过严,是因为不信任员工的能力。他们怕员工把事情办砸,给企业带来损失,于是像溺爱子女的父母一样,左嘱咐,右嘱咐。这样做极不利于下属的成长锻炼,更不利于下属提高工作能力。成长是要伴随着磨砺才能进行的,如果管理者把所有的事情都为员工安排好,那么员工就没有机会接受风雨的洗礼,自然永远也学不会独立。

管理员工要把握"度"

管理者对自己和员工严格要求是完全必要的。但是,对员工管理过严,不给他们留有发挥主观能动性的空间,就会压抑员工的积极性,甚至把员工培养成"低能儿"。所以,管理者在对日常事务进行管理时,一定要把握好其中的度。

4. 用柔性管理去"化解"

在变化莫测的市场形势下,企业每天都要面对各种各样的挑战,这就要求企业必须拥有强有力的管理者,在必要的时候力挽狂澜。然而,管理者仅仅有铁血手腕远远不够。俗话说"四两拨千斤",有时候柔性管理能起到更为积极的作用。

在企业管理工作中，相对暴力的手段解决问题，必定或多或少会留下疤痕；如果采取柔性管理，将问题化解于无形之中，就不会留下暴力手段的后遗症。柔性管理是一种"以人为中心"的"人性化管理"，它在研究人的心理和行为规律的基础上，采用非强制性方式，在员工心目中产生一种潜在的说服力，从而把组织意志变为个人的自觉行动。

中国太极拳讲究以柔克刚。针锋相对、硬碰硬的结果只能是两败俱伤，以不变应万变、以智取代替强攻才是明智的做法。在现代企业管理中，管理者也应该学习以柔克刚的技巧，用微笑平复员工的怒火，用亲和力征服员工的不合作，用镇定淡然应对商场上的瞬息万变。

新东方集团创始人俞敏洪是出了名的好脾气。新东方集团的任何一位员工都可以当面斥责俞敏洪工作中的失误，俞敏洪总是满脸笑容地倾听。有一次，因企业中出现的家族管理倾向，徐小平冲进办公室对着俞敏洪就是一顿臭骂。俞敏洪没有发怒，没有与徐小平硬碰硬，而是笑呵呵地为徐小平端来一杯咖啡，并认真和徐小平进行讨论。当徐小平离开俞敏洪办公室的时候，他竟然有种愧疚感。此后，每当提起这件事情，他都对俞敏洪赞不绝口。这就是柔性管理，用和风细雨化解下属的狂风暴雨。

柔性管理要与刚性管理相结合。刚性管理是管理工作的前提和基础，也是柔性管理的立足点。刚柔并济，才是高效管理的源泉。

管理要讲究以柔克刚

柔性管理考验的是管理者的胸襟和气度。只有胸襟宽广、气度宏达的管理者才能够大胆、坚定地以看似毫无抵抗力的"柔"应对强有力的"刚"。

5. 千万不要羞辱人

员工犯错就必须受到应有的惩罚，否则同样的错误会接二连三地发生。但不是任何形式的惩罚都能起到积极作用，批评员工时忽略员工的感受是最愚蠢的惩罚形式。每个人都有自尊心，犯错员工的自尊心受到伤害就会产生巨大的负面影响。这样他们不仅无法从错误中吸取教训，还会对管理者产生反感、厌恶的情绪。所以，管理者不能用侮辱人的形式来对待员工的错误。

管理者统帅全体员工，对员工行为具有约束的权力，对员工的错误具有批评的权力，对员工的工作具有指挥的权力。高高在上的地位让他们容易颐指气使，一不小心就做出伤害员工的事情。管理者在和员工相处时一定要控制好情绪、把握好方法。

（1）尽量避免当众批评员工。

在大庭广众之下，把员工当活靶子批评绝对是管人的愚蠢行为。当众批评会刺伤被批评者的自尊心，很可能引发他们强烈的抵触情绪，也可能被他们为了维护自己的"面子"而当众反驳。不管发生哪种情况，批评的效果都是十分差的，特别是当众反驳。聪明的管理者在批评员工是总能充分考虑员工的感受，或私下谈话、或不提名地警告，这些方法往往都能起到很好的效果。

（2）不能对员工乱发脾气。

有些管理者总喜欢不分场合地对员工指手画脚，当众呵斥，甚至大发脾气，把员工当作自己的"出气筒"。这样做会让公司上下人人自危，提心吊胆，工作战战兢兢，缩手缩脚。经常被乱发脾气的管理者教训的员工，对管理者会产生抵触情绪，上下级关系会陷入僵局。

照顾员工的自尊心

人都是要面子的。管理者在任何情况下都不能侮辱自己的员工。管理者要成为员工的保护伞,在员工的工作生活中起到积极的作用。如果管理者不能掌控情绪,做出在大庭广众之下批评员工,或者对员工肆意发脾气的行为,员工的自尊心就会受到伤害,对管理者就会产生抵触情绪,管理者在员工的工作生活中就会起到破坏的作用。

6. 加班不能过于频繁

加班是每个团队都会遇到的事情。工作任务重的时候、业绩不好的时候、有员工出现错误的时候,为了解决问题,管理者就会要求员工加班。适当地加班是必要的,但是频繁地加班就会出现问题。加班必须在迫不得已的时候进行,如果管理者动不动就用一句"晚上加班"剥夺员工按时下班的权利,这种加班不仅收效甚微,还会让员工产生不满情绪,从而破坏上下级关系。

(1)频繁加班对员工的积极性是一种打击。

偶尔一次加班,可以刺激员工的工作效率,能够顺利地把属于当天的任务完成。为了之后能够早点下班,员工会努力提高工作质量,尽量避免出错。所以,适当地加班可以提高员工工作的积极性。但如果加班过于频繁,那么员工的这种积极性就会受到打击,甚至消失不见。

(2)频繁加班对工作质量是一种危害。

要求员工经常加班,会给他们的家庭生活增添不少问题。由于太晚下

第八章　以人为本，顺从人性
——"顺毛摸"让倔驴听你指挥

班，回家后还要处理私人问题，结果就会造成睡眠不足，从而使精神难以集中，以致影响第二天的工作状态，效率和素质自然会下降。

（3）频繁加班是管理者工作的失策。

如果企业在正常工作时间频繁地要求员工加班，必定意味着管理中出现了人手不足、调配不当或者管理者用人不当等问题。所以，管理者应当努力地完善自己的管理技巧，尽量避免用侵占员工自由时间的方法来弥补自己工作的不足。

频繁加班影响工作效率

八小时工作时间过后，其余的时间都归员工所有，加班无疑是管理者对员工自由时间的干涉和侵占。尤其频繁地加班会对员工的私人生活产生困扰，让员工产生抵触情绪，从而影响到他们的工作效率。所以，聪明的管理者都会从改善自身管理策略出发，尽量让员工少加班。

7. 给员工提供宣泄的机会

付出得不到应有的回报、人格得不到足够的尊重、没有充分的休息时间、得不到平等的对待以及看不到前途都会使员工心情郁闷。这时候，员工非常需要有人来倾听他们的心声，并设身处地为他们着想。管理者要想在员工工作生活中起到积极作用，就必须在这个时候为员工提供宣泄的机会。

给员工提供心理宣泄的机会并不是一件困难的事情。大多数情况下，员工需要的只是管理者的理解，并不需要管理者做出实质的回应。做一回倾听者，和员工进行一次长谈都能起到很好的效果。如果管理者不能及时为员工提供宣泄的机会，长此以往，矛盾就会激化，到时候管理者就要付出更多的时间和精力去解决。

美国威斯康州格林贝市的儿童保育中心总经理帕特·布普纳就非常注重和员工的心灵沟通。每个月他都会为员工开一次宣泄大会。宣泄大会并不是严格意义上的会议，而是利用聚餐的形式把员工召集起来聊聊天。在餐桌上，员工可以随意发牢骚，可以把最近遇到的烦心事全部倾诉出来。帕特·布普纳总是认真倾听，激烈之处还会随声附和。员工的牢骚得到发泄，小摩擦就没有演化成大矛盾，公司的工作气氛自然也变得和谐了许多。

企业就像是一个小社会，人与人之间的矛盾不可避免。当员工因为各种矛盾出现不良情绪时，工作表现就会大打折扣。管理者要时刻注重员工的情绪变化，一旦发现员工有精神不振、态度消极的现象，就要及时与员工进行谈心。倾听员工心声，给员工提供心理的"泄洪口"，这样不仅可以帮助员工平抚情绪，避免不良情绪给公司带来的危害，也能显示出管理者高超的管理技巧。

给员工一个泄洪口

当员工态度消极、抱怨不断时，管理者不能坐视不管，更不能严厉斥责。意见箱、检讨会以及上下级谈心等这些简单的举措都是舒缓员工不良情绪的有效方法。如果管理者不能给员工提供宣泄的机会，不良情绪就会膨胀，公司就会蒙受更大的损失。

第九章

杀鸡儆猴，清除刺头
——该惩罚就惩罚，该走人就走人

完善的奖惩制度是员工积极性的保证。必要的时候，管理者要动动"刀子"才能提高团队的运作效率。员工的非分要求，管理者务必予以拒绝；员工的不留情面，管理者务必要予以遏制；团队中出现的刺头，管理者务必要严格依照制度铲除，当然也可以运用有效的管理手段将其归为己用。

1. 必要的时候动动"刀子"

现代企业管理，讲究以人为本。企业在对员工进行惩罚时，会考虑各个方面的因素。一般情况下，前景良好的企业都不会轻易放弃任何一位员工。然而，对犯错员工的过于仁慈，就是对整个企业的不负责。所以，企业应该有一套完整的奖惩制度。必要的时候，做出严厉的惩罚也是必须的。

员工在执行业务时所犯的错误可分为两大类：一类是因客观原因而犯的过错。如能力不足、突发事件的影响等；一类是因主观原因而犯的过错，如玩忽职守、粗心大意、吃里扒外等。对于这两类错误，管理者应该区别对待。对于第一类员工，管理者要在原则之外适当地为他们提供弥补错误的机会，比如，对于能力不足的员工让他们换个岗位；对于因突发事件而犯错的员工，管理者要帮助他们提高应对突发事件的能力。而对于第二种员工，管理者必须予以严厉的惩戒。这类员工就如同害群之马，如果不及时严厉惩戒，他们就将危害整个企业。

管理者在惩罚员工时，应该坚持制度面前人人平等的原则，不能掺杂过多个人感情。如果管理者对与自己关系较好的员工的错误一味地宽容，就会因偏心而在员工中失去威信。管理者必须一碗水端平，才能维护制度的权威，才能使惩罚达到最好的效果。

员工犯错，管理者也应该负一定的责任。员工不称职就表明管理者没有很好地履行自己的责任和义务。所以，管理者在惩罚犯错员工之前应该承担自己应接受的惩罚，向员工展现一种勇于负责、有气度、心怀宽广的形象，这样被惩罚的员工才能心服口服。

公司的规章制度一般说都是公司单方面制定的，并不具备法律效力。对于情节严重的错误，公司应该敢于积极地利用法律来维护自身的利益。特别是对于那些出卖商业机密、进行商业间谍活动的行为，公司必须利用

第九章　杀鸡儆猴，清除刺头
——该惩罚就惩罚，该走人就走人

法律严肃处理。

> **必要的惩罚很重要**
>
> 错误得不到惩罚，就会泛滥成灾。管理者在此时应该拿出应有的魄力，该严肃处理的时候，绝对不能心慈手软。所以，公司必须制定严格的管理制度来对员工的行为进行奖惩。

2. 拒绝下属的非分要求

在现代企业中，管理者是员工的保护伞，应该对员工的工作和生活予以应有的关心。当员工需要帮助时，管理者应该适当地伸出援助之手。但是，这种帮助只能在原则范围内，对员工百依百顺只会起到负面作用。回绝别人的确很不容易，但必要的时候管理者却不得不为之。

管理者与员工朝夕相处，当然希望双方关系融洽，所以，一些管理者就会尽量满足员工的要求，结果就会让员工觉得他没有原则、好欺负。没有威信的上司无法统御下属，对员工有求必应的管理者只能导致公司的混乱。所以管理者必须学会拒绝员工的非分要求，以此来维护公司制度和自身的权威。

拒绝员工非分要求的最佳途径是严格按照公司制度办事，用制度来约束员工的私欲。管理者必须在实践中完善公司制度，使公司制度涉及日常事务的各个方面。当员工提出非分要求时，管理者就要拿出制度的权威对其进行批评教育。公司拥有了完善的制度，员工的要求是否可以接受就容易界定。在制度之内的要求，管理者可以适当地考虑；脱离制度的要求，管理者就必须果断地说"不"!

当然,人的工作生活总是千变万化,总有制度涉及不到的事情。如果员工遇到的问题确实非常紧迫,管理者就应该法外开恩,予以理解和帮助。管理毕竟是人与人之间的行为,涉及到人际关系就要考虑人情因素,原则之外的适当施恩还是必要的。

管理者要善于向员工说"不",这样做不仅可以维护公司制度的权威,提高管理者自身的威信,还能够避免员工产生懈怠和侥幸的心理。

迁就纵容是恶性循环

管理者千万不能小看一些貌似无足轻重的请求。如果这些请求不符合公司制度,管理者一旦纵容迁就,就会步步被动,陷入严重的恶性循环之中。

3. 给高傲的人来个下马威

通常情况下,管理者只是管理人才,不是全才。管理者的这种能力特点,会养成一些具有一技之长的员工恃才傲物的坏习惯。张扬自信并不是什么性格缺陷,但是如果仗着自己才高,就目空一切,玩世不恭,对谁都不在乎,势必会造成同事之间、上下级之间关系的紧张。所以,管理者应当适时地给高傲的人来个下马威,杀杀他们的傲气。

管理者有必要在恃才傲物之人的身上耗费大量精力。因为这类人大都怀有一技之长,否则,无本可"恃",更无"傲"之本。一旦被管理者降服,他们就能为企业的发展做出巨大的贡献。降服恃才傲物之人要讲究方法,

第九章　杀鸡儆猴，清除刺头
——该惩罚就惩罚，该走人就走人

否则的话，要么会让他们心中不满，产生抵触情绪；要么会让他们不再相信自己的能力，产生自卑心理。

恃才傲物者大多自命不凡，好高骛远，眼高手低，自己做不来，别人做的又瞧不起。所以，管理者在对其进行管理时要有意用短，挫其傲气。恃才傲物者并非万事皆通，样样能干，充其量只是在某些方面或某个领域里才能出众，在其他方面很可能技不如人。管理者想要挫其锐气就应该在适当的场合、用适当的方法让其缺点暴露在人前。比如，一位个性张扬的会计在制表方面非常有天赋，却不精通数据处理。管理者要想挫其锐气就应该将处理数据的工作交给他，并安排精通数据的同事与其一同工作。不用管理者过多的口舌，这位会计自然很快就会意识到自己的不足，从而适当收敛自己的张扬。

值得注意的是，管理者切忌在公共场合让恃才傲物之人受挫。自负的人往往心理承受能力都不强，如果管理者让其在大庭广众之下暴露缺点，他们的自尊心就会受到严重伤害，很有可能从此一蹶不振，从而导致公司失去一员干将。所以，给高傲的人下马威是必要的，但也要注意方法。

降服自负之人

高傲之人总是自以为本事大，有一种至高无上的优越感，说话带刺，我行我素，对别人不屑一顾，是公司中的不安分因素。但他们又往往是某一领域的天才，管理者不能随便放弃他们。作为管理者，对这种人的正确管理方法是适时地来一个下马威，从而降服他们为自己所用。

4．别给对你不敬的人留情面

容人之量是考核管理者能力的重要因素。容人之量是宽容可以原谅之人，但是对于那些一再对管理者不敬的人则不必多留情面。管理者要成功地统御全体员工，必须具有威信。即使不考虑职位的高低，只从管理者情感需求的角度出发，员工也应当尊重管理者。如果员工是因为不良情绪而无心地对管理者造成伤害，管理者应该用宽广的胸怀原谅他们；如果员工有故意刁难、或者存在捏"软柿子"的心理，管理者就不必再秉承以和为贵。

谷话说"老虎不发威，当你是病猫"。凡事以和为贵，遇事不敢张扬，这样的管理者容易被员工当成"软柿子"。如果管理者一再容忍员工的不敬行为，员工的态度就会日益嚣张，以为管理者不敢把他们怎么样。所以，必要的时候拿出点仰天长啸的魄力对于管理者来说是十分必要的。

当然，对于员工的不敬，管理者应该区别对待。如果员工是在不良情绪影响下没有控制好自己的脾气，管理者应该予以理解，并帮助其改善不良情绪；如果员工是欺软怕硬之人，对管理者不敬只是因为管理者好欺负，那么管理者就应该让他们见识一下自己的霹雳手段；如果员工是因为自命不凡而对管理者产生不屑，管理者应该在适当场合，采用适当的方法挫其锐气以降服他们；如果员工早已萌生"此地不留爷，自有留爷处"的心理，经常哗众取宠，管理者应该毫不留恋地抛弃他们，因为把没有忠心的员工留在身边无疑是抱着一颗定时炸弹。

拥有众多的有修养的员工是每一位管理者的愿望。但世界上没有绝对完美的事情，所以管理者很难避免与素质差的员工打交道。当管理者的威严遭受挑战时，管理者必须及时采取行动予以处理，以维护自身尊严。

第九章　杀鸡儆猴，清除刺头
——该惩罚就惩罚，该走人就走人

管理者也要维护自身尊严

　　无论从人格尊严，还是职位高低的角度来看，管理者都应该得到应有的尊重。如果管理者对员工的不敬行为不采取相应的措施，员工的行为就得不到约束，管理者的威严相应也就得不到体现。所以，管理者不能对一再不尊敬他的员工多留情面。

5．掌握借力治人的诀窍

　　任何管理者，都会遇到个别难对付的员工。本着不抛弃每一位员工的人性化管理原则，管理者一般都会花费大量精力对这类员工进行感化和引导。可有时候，管理者虽然为此花费了不少的精力和时间，但结果却不一定理想。其实，对付这类员工有一种绝妙的方法，那就是借力治人。

　　俗话说"一物降一物"，有些员工让管理者抓耳挠腮，但是在能降服他的人眼中不过是个小角色。所以，遇到难缠的下属，有时候管理者不用亲自动手，只要以其人之道还治其人之身，就能达到控制下属的目的。

　　对于那些慵懒的员工，管理者应该将他们调集到一个团队工作，并指定其中最为慵懒的人为领导者。这样他们谁也依靠不了谁，完不成任务都得受罚，自然就会变得勤快起来。对于那些心高气傲的人，要找出其缺点，并安排在其缺点方面颇有建树的人与其一同工作，高傲之人就能自然而然地认识到自己的不足。对于那些"刺头"，管理者要将他安排到严守纪律的团队中工作，当看到其他同事都严格遵守公司制度、兢兢业业的工作时，"刺头"就不好意思再捣乱。对于那些爱占小便宜的人，管理者应该让他们组建一个团队。时间长了，他们之间便达成默契，大家利益均摊，谁也不沾谁的光。这种方法可以限制他们的"危害性"。

对于那些难以驾驭的员工,管理者不必硬碰硬,而要根据具体情况,学会借力治人。借力治人的高招可以避免管理者浪费精力和时间,能够轻而易举地化"害"为"利",变"废"为"宝"。

管理者需要借力治人的计谋

以其人之道还治其人之身无疑是一种高超的管人技巧。在管理"问题员工"的时候,管理者应该多用些计谋,以严治恶、以懒治懒、以贪治贪、以能治能等借力之人的方法都能够取得很好的效果。

6. 拔掉团队中的"软钉子"

每个企业都会出现"刺头"和"软钉子"。"刺头"个性张扬,时刻把自己暴露在众人面前。管理者容易找到他们的软肋给予强有力的反击。而那些"软钉子"却是最难管的员工,他们从不和管理者针锋相对,总是以一副配合的态度面对管理者的指令或者批评,却在管理中起着消极作用。钉子再软也能伤人,管理者不能被"软钉子"的假象迷惑,对待他们最好的方法就是直接拔掉。

引导和培养员工是管理者的责任。对于那些工作表现不尽人意的员工,公司也不能放弃,而是要给他们成长的机会。"软钉子"则是无药可救的员工,对于这些员工,管理者决不能心慈手软,该拔掉时必须及时拔掉。

无药可救的"软钉子"员工都具有以下共性,管理者必须把他们挑出来严肃处理。

第九章　杀鸡儆猴，清除刺头
——该惩罚就惩罚，该走人就走人

（1）没有改错的自觉性。

世界上没有绝对的完美，员工犯错是情理之中的事情，因为种种原因屡教不改的员工也是可以理解的，只要在管理者严厉惩戒之后有所进步，企业就不应该将其抛弃。而有些员工他们根本没有改错的自觉性，工作对他们来说完全是"当一天和尚撞一天钟"。遇到这类员工，管理者必须严肃处理。如果不及时解雇他们，他们的消极态度会影响到整个团队的士气。

（2）绵里藏刀，一旦有机会就会做出危害公司的事情。

"软钉子"对于公司往往没有任何归属感，公司对于他们来说就是谋取利益的地方。他们表面上对管理者采取合作的态度，背地里却算计着如何为自己谋取更多的利益。这类员工就如同蠹虫，总有一天会将公司侵蚀得千疮百孔。

给蠹虫判死刑

"软钉子"是善于隐藏自己的蠹虫。要想让公司这棵大树茁壮成长，管理者必须保持清醒的头脑，睁大眼睛将他们一条条挑出来，并判以死刑。

7．千万别触犯众怒

中国有句古话叫"法不责众"。意思是说许多人都有同一种行为，那么这种行为的合理性就比较大，所以不能武断地对他们进行惩罚。这句话从另一个角度理解就是：挨批评的人多了，大家会觉得无动于衷。因此，当大多数员工都出现错误的时候，管理者在进行惩罚时一定要讲究方法。

（1）抓典型。

在大多数员工都犯错的情况下，管理者如果对所有人都进行批评，就会把自己陷入孤立的境地。对任何一个员工来说，不管有没有意识到自己的错误，在被批评指责的时候，心中都会不舒服。如果公司大部分员工都被指责，那么就会遭致大多数员工的不满。如果这些员工联合起来对付管理者，管理者必输无疑。所以，管理者要学会抓典型，严惩其中情节最严重的员工，以起到杀一儆百的作用。

（2）表扬少数。

当大多数员工都出现错误的时候，管理者的当众发火会产生巨大的不良后果。聪明的管理者总会采取表扬少数的办法来服众。受表扬者当然非常高兴，而对大多数人来说，他们能够领会管理者含蓄的批评，却不会对管理者产生抵触情绪，相反还会对管理者充满感激之情，因为管理者为他们留足了面子。

（3）主动承担责任。

管理者主动承认错误，与大多数犯错的员工站在一起接受惩罚，无疑是惩罚大多数人的最佳方法。管理者都能心甘情愿地接受惩罚，员工自然就不会心存不满，反而会对管理者产生一种共患难的情谊。

好虎不得罪一群狼

管理者对大多数员工进行批评会触犯众怒，如果众人联合起来予以抵制，手腕再强硬的管理者也会力不从心。而员工犯错，管理者又不能迁就纵容，这个时候就需要管理者用一些必要的手段，比如抓典型、表扬少数、主动承担责任等，这样既可以避免引起员工的不满，也可以达到管理的目的。

第十章

考核业绩，制定薪酬
——10个人的时候要走在最前面，1000个人的时候要走在最后面

任何人工作都是为了追求人生价值的实现和生活需求的满足。合理的薪酬制度能够集聚优秀人才，能够激起员工的积极性，这必然会为企业带来辉煌的业绩。而如何建立合理的薪酬制度，就需要管理者对员工进行考核。按照个人业绩的不同来分配薪酬，才能打造高效运转的团队。

1. 把收入和业绩挂钩

员工个人利益得到满足，企业共同利益才能够实现；而企业利益的实现保证了员工利益的不断提高。因此，员工利益与企业利益息息相关。然而，并不是所有员工都明白企业利益与员工利益之间的这种相依相存的关系。许多企业仍存在着员工损害公司利益满足私欲的现象。为了杜绝这种不良现象，企业必须把个人的收入与业绩进行挂钩。

企业业绩好的时候，员工的薪水就会增加；企业业绩下滑的时候，员工的薪水也要做相应的下调。这样做，员工就能明显地感知到公司利益与自身利益之间密不可分的关系。当他们为自己谋求私利的时候，就会顾虑到自己行为的后果。

把收入与业绩挂钩，对提高员工的工作积极性也有一定的促进作用。中国传统管理方法一般是凭资历提拔员工，增加员工薪水，工龄奖金就是资历提拔的一种最明显的形式。这种方法不但不能鼓励员工争创佳绩，反而会挫败他们的积极性。新人年富力强，一副拼尽全力以求提升的劲头，到头来却没有那些不如他们努力的老员工获得的利益多，他们的积极性自然就会降低。现代管理方法越来越要求公司应该制定一套以业绩为标准的提拔方法。管理者用公司制度告诉员工多劳多得、少劳少得，员工就会努力工作以追求丰厚的回报。

按照业绩为员工的收入分等级，能够让员工意识到自身利益与公司利益息息相关，从而杜绝他们做有损公司利益的事情，同时还能激励员工为更高收入更加积极努力地工作。

第十章　考核业绩，制定薪酬
——10 个人的时候要走在最前面，1000 个人的时候要走在最后面

收入与业绩要牢牢捆绑

把收入和业绩挂钩是日益激烈的市场竞争对每一位管理者的要求。管理者必须放弃资历提拔的传统管理方法，将员工的收入牢牢地与公司业绩捆绑在一起。

2. 考核是为了发现人才

区别对待不同能力的员工可以发掘他们的潜力，提高其工作的积极性，形成人尽其才的良性用人制度。要对员工分类，就必须进行考核。有些管理者碍于情面，每逢人事考核之际，总希望尽量让员工的分数差不多，以便皆大欢喜。然而这样是无法挑选出有潜质的员工进行培养的，一个没有新鲜血液的公司也注定不会长久。所以，考核是为了发现人才，皆大欢喜的考核结果只能埋没人才。

对员工的考核不能实行形式主义。实施人性化管理的企业管理者，常常会以体谅关怀的态度对待员工。在员工进行考核时，这类管理者往往以培育下属的心情来评分，竭力照顾每一位员工的感情。这样做的后果是，人才得不到凸显，庸才藏在人群中继续混日子。这样的员工考核只是在走形式，根本起不到任何实质作用。

对员工的考核一定要公平公正。管理者与企业全体员工的关系肯定有亲疏之分。在对员工进行评分时，管理者难免会受到主观因素的影响，从而对员工不能做出客观的评价。这就要求公司制定一套完善的人才考核制度。管理者严格按照考核制度考核，就会减少主观因素的影响。

管理者平日对员工不加指导督促，到了考核的时候大加"人情分"，

这种做法是对人才的不公平，也是对企业的不负责。这不是在爱护员工，而是在剥夺员工进步的权力。

人才从考核中凸显

对员工进行考核才能为员工分类，以区别对待不同能力的员工。考核是为了发现人才，为了保证公平度使人才凸显出来，管理者在对员工进行考核时，要严格执行公司的人才考核制度，避免加入"人情分"。

3. 让下属参与到考核中来

人事考核对于发现人才、区别对待不同能力的员工具有积极的作用。任何企业想要充分挖掘员工的潜力就必须制定一套完善的考核制度。这种考核制度一定要以公平公正为核心。而在传统的管理方法中，人事考核是管理者的个人行为。由于他们拥有个人喜好，就会造成考核的不客观、不公平。解决这个问题最好的方法就是让下属参与到考核中来。

鼓励员工参与考核过程的这种灵活的人事考核制度，能够令考核工作更为公平合理，得出的结果也更有说服力。人事考核必须民主化才能得到员工的认同，从而起到其积极作用。如果仅仅依据管理者的片面决定而考核员工，完全漠视员工的心声，即使管理者再公平公正，员工也会或多或少地认为其中有猫腻。如果管理者能够吸纳员工参与考核过程，每一道程序都在他们眼皮底下进行，他们自然会心服口服。

管理者毕竟不能兼顾企业日常事务的各个方面，所以单凭他们的一人

第十章 考核业绩，制定薪酬
—— 10个人的时候要走在最前面，1000个人的时候要走在最后面

之见对员工进行考核，自然不能准确地反映被考核者的水平。让员工参与到考核中来，听取全体员工的心声，这样才能保证考核结果的正确性，保证考核最大限度地发挥作用。

保证考核的公平公开

不民主、不公平的考核方法会让部分员工感到不满，很可能会造成员工士气低落，甚至会出现员工流失的现象。保证考核民主性和公平度的最好方法就是让全体员工参与到考核中来。

4. 保证考核的严肃性

考核是管理者对员工工作表现好坏、工作绩效大小而做出的评价。考核可以起到激励、沟通以及提高员工素质的作用，也是为公司寻找新鲜血液的最好方法。因此，必须保证考核的严肃性。

为了保证考核的民主性和公平度，管理者在进行考核时，必须坚守以下原则：

（1）完善公司人事考核制度。

管理者对员工的考核切不可跟着感觉走，否则就不能准确地反应员工的真实能力。为了避免管理者受个人喜好的影响，考核工作就必须严格按照公司人事制度进行。因此，管理者必须不断优化企业的人事考核制度，尽量保证制度的全面性、民主性和公平性，这样考核过程才能具有严肃性。

（2）人事考核必须有当事人参加。

人事考核绝对不是几个公司高层聚在一起按照考核制度为员工打打分

这么简单，它是一件非常复杂的事情，必须在全体员工的参与下进行。人事考核的结果只有充分考虑到全体员工的意见才能具有严密性和准确性。

保证考核的严肃性是保证考核结果公正公平的前提。只有按照完善的制度，在全体员工的监督下进行的考核才真正具积极的作用。

考核必须严肃对待

考核是对部属积极工作的肯定和响应。人都有受到尊重的需要，公平对待员工的劳动价值和工作表现，能够产生强烈的激励作用。如果不能保证考核的严肃性，得出的考核结果将毫无意义，甚至会起到负面作用。

5．合理考核带来绩效

为了充分挖掘员工的潜力、启发员工的积极性，每个企业都要对员工进行考核。但并不是所有的考核都能起到积极作用，只有那些合理的考核才能为企业带来绩效。合理的考核能够真实地反应员工的工作情况，可以对员工进行准确地分类，激励能力差的员工见贤思齐，鼓励能力强的员工更上一层楼。相反，如果考核结果并不具有民主性、公平性和严肃性，会激起员工的不满情绪，从而影响公司士气。

合理的考核需要有合理的考核标准。管理者在进行考核之前必须制定严格的人事考核制度，并不断对其进行完善。只有考核行为有法可依，才能保证其沿着正确的方向进行下去。人事考核制度不是管理者想当然制定出来的，要具有科学性、公平性。

第十章 考核业绩，制定薪酬
——10个人的时候要走在最前面，1000个人的时候要走在最后面

首先，制定人事考核制度的过程必须有员工参加，集聚集体智慧才能保证考核制度的可行性。其次，人事考核制度必须参考其他企业成功的制度，并根据企业自身具体情况进行调整。由于其他公司成功的考核制度已经通过实践的检验，并在实践中得到完善，管理者借来作参考可以避免走不必要的弯路。当然，管理者必须考虑到具体问题具体分析，不能照搬别人的制度，而要根据自身实际情况进行调整。

合理的考核标准必须坚持以下几项原则：

（1）*全面性*。

对员工的考核要涉及到员工工作的各个方面。只有对员工的综合表现进行考核，才能选拔出真正的人才，为公司带来效益。比如，一个员工工作能力出众，总能高标准、高质量地完成任务，但是在团结同事方面的表现却非常不理想。如果管理者只考虑工作能力而提拔了这位员工，那么与他结怨的同事就会对他的领导采取不合作的态度，这将严重影响公司的运行。

（2）*切实可行性*。

合理的考核标准必须符合公司的具体情况，具有切实的可行性。只戴高帽子却不符合员工实际的考核制度就是一纸空文，起不到任何作用。比如，一些化妆品公司会将专柜售货员的外表形象列入考核的标准，这是因为顾客本能地会认为专柜人员能拥有雪白无瑕的皮肤是因为用了本专柜的产品。如果超市在考核蔬果区售货员时也把外表形象列入其中，那就不具备任何意义了，是对精力和时间的浪费。

绩效离不开考核

合理的考核能够帮助企业对员工进行准确的分类，从而充分挖掘其潜力，提高其工作的积极性，为企业带来绩效。合理的考核需要严密的考核制度，管理者必须在考核制度的建立和完善上投入大量的精力。

6. 务必把工作量化

工作是企业考核员工的最主要因素之一。工作能力的大小在很大程度上决定着员工综合实力的优劣。因此，管理者务必把员工的工作进行量化。如果一份工作永远都找不到一个量化其价值的方法，那么，这份工作就没有存在的价值。只要有目标，就可以进行量化，如果不能直接量化，就间接量化，但无论怎么样，肯定有方法可以量化。一份不能量化的工作就意味着从事这些工作的人没有具体的目标，在工作时就具有极大的盲目性。

管理者务必对员工的每一份工作都制定合理的量化标准，不论是直接还是间接，必须能够体现员工的努力付出。如果没有量化的标准，公司就很难对一个人的工作价值做出客观评价。员工的付出得不到应有的重视和肯定，其工作的积极性就会受挫。想要避免出现员工消极怠慢的现象，管理者就必须取缔那些完全无法量化的工作。一般来说，管理者对工作进行量化应该遵循以下步骤：

（1）制作任务清单，并对任务进行分类。

制定任务清单是对管理工作进行量化的第一步。管理者要结合员工工作职责的要求和特点，在充分考虑工作开展的历史经验和判断对未来适应

第十章 考核业绩，制定薪酬
—— 10 个人的时候要走在最前面，1000 个人的时候要走在最后面

性的基础上，尽可能地列出员工所有的工作任务。在制定好任务清单之后，管理者还应该对任务进行分类，以便对不同类型的工作制定不同的量化标准。

（2）对清单中的每项任务都要进行详细的描述。

只有对每项任务都进行详细的描述，员工才能够对其工作有一个明确的认识，才能知道什么事情可以做，什么事情不可以做。管理者在进行考核时也才能依此判断出哪些员工的工作到位，那些不到位。

（3）应该把工作态度也列入量化的标准。

员工的工作态度很难量化，但这在员工的工作中至关重要。员工刚刚接触一项工作时，由于适应能力不强而不能取得令人满意的成绩。管理者在对员工进行考核时，不能只看员工的任务完成量，也要充分考虑其工作态度在今后能起到的作用。

可以量化的工作才有价值

对员工工作进行量化是考核员工的前提之一。不能量化的工作就没有存在的价值。管理者必须通过制作任务清单、对任务进行分类、对清单中的每项任务都进行详细的描述等几项工作来对员工的工作进行量化。另外，为了保证量化的准确性，一定要把工作态度也列入量化的标准之中。

7. 关注员工的实际贡献

公司的发展壮大离不开员工的贡献。对员工实际贡献进行合理的评价

能够激发员工工作的积极性，激励他们为企业的发展继续发光发热。

员工的实际贡献包括两个方面：一方面是员工实际完成工作的质与量，这就需要管理者对每一份工作都进行合理的量化；另一方面是员工对组织的无形贡献，包括对公司的归属感、责任感、与其他人员的配合度和相处情况等等。员工的实际完成工作质量可以根据管理者制定的工作量化细则进行精确的计算，而无形的贡献就需要通过民意调查进行考核。只有充分考虑这两方面的尺度，管理者对员工实际贡献的考核才不至于有所偏颇。

特步公司就非常注重对员工实际贡献的奖励。"忠诚奉献奖"在"优秀单位奖"、"优秀员工奖"等公司一些常规奖项中非常显眼，也是特步人最关注的一个奖项。在关注员工有形贡献的同时，特步人力资源部还非常注重员工的无形贡献。

"忠诚奉献奖"就是在奖励员工对企业的忠心。获奖者是在公司工作达3年或者3年以上的老员工，除了颁发获奖证书、奖金外，获奖者还将获得参与公司第二年组织的外出旅游的机会。这项奖励在员工中有很好的反响，起到了鼓励老员工、教育激励新员工的积极作用。在"忠诚奉献奖"的激励下，特步的人才流动性很小，逐步建立了稳定的人才团队，为公司的成功营销奠定了强大的基础。

另外，管理者在对员工的实际贡献进行考核时必须做好几项辅助工作。首先，管理者要设计一种公平合理的标准，在一段时间内，尽量客观地考核出个别的组织成员对组织的实质贡献。这个标准必须涵盖有形贡献和无形贡献；其次，管理者要确实让被考核的人能够了解考核的结果，以便依据此结果来修正自己的行为，提高对组织的实质贡献。另外，对于不同阶层和不同功能的人员，为保证考核的可行性和公正性，考核的内容应该有所区别。

以实际贡献为考核内容

每个人都希望自己的付出能够得到别人的尊重和认同，管理者对员工实际贡献的关注就是对员工最好的尊重。必须注意，员工的实际贡献涵盖有形贡献和无形贡献两个方面，所以，设计一种公平合理的标准是准确量化员工贡献的前提。

8．进行成功的绩效面谈

管理者对员工工作进行严格的考核后所得到的结果是对员工工作的最好反馈，必须将考核结果如实地告知员工，以保证员工能够根据考核结果改善自己的工作。告知员工考核结果之后，并不意味着管理者考核工作的终结。与员工进行一次面谈、了解他们的心态与困难、破除改进工作中存在的障碍，是管理者绩效考核获得圆满结局的必由之路。

成功的绩效面谈必须考虑到面谈时间、面谈地点以及如何收场等各方面的因素。

（1）选择最佳的面谈时间和场所。

进行绩效面谈必须选择恰当的时间，最好是在员工得到考核结果的一天之后。这样的设计可以给员工一个反应的时间，也不会因为时间太长而使考核对员工的影响力消失。与员工绩效评价的面谈是管理者与员工两人之间的事。安静、舒适、能够产生交流气氛的地方是最佳的面谈场所。

（2）保持适宜的谈话态度。

管理者的态度对面谈的效果起着决定性作用。对于成绩斐然的员工，管理者不能对其做过多的赞美，否则员工可能因此产生自满情绪，工作就不能更上一层楼。而对于那些工作表现差强人意的员工，管理者也不能表现出过多的失望情绪，适度的批评和鼓励能够对这些员工起到醍醐灌顶和打气鼓劲的积极作用。

（3）要和员工坦诚相待。

管理者必须尽量获得员工"诚实"的回答，才能使面谈取得成功，这就要求管理者能够取得员工的信任。付出真心必定能收获真心，当管理者对员工敞开心扉的时候，员工对管理者也不会有所保留。面谈时，耐心的倾听、精彩处的附和、适时的记录都能使管理者更容易得到员工的信任。

面谈会使员工内心深处久久"荡漾"着这次面谈所产生的余波。成功的面谈，其积极作用将延续很久；失败的面谈，其消极作用将无可估量。因此，管理者必须积极准备，争取绩效面谈能够顺利进行。

绩效面谈必不可少

绩效面谈对人事考核具有辅助作用。管理者在告知员工考核结果之后，与员工进行一次成功的面谈，能够帮助员工正确地认识自身的优缺点，从而为今后的工作制定合理的目标。并不是所有的绩效面谈都能成功，管理者必须从各个方面为绩效面谈做充分的准备。

第十一章

大权独揽，小权分散
——总经理要管头管脚，但不能从头管到脚

集权和授权，是领导者在一个团队中行使权力时必须考虑的两个问题，这是两个紧密联系又互为相反的概念。在企业管理中，此二者缺一不可。关键在于，要想使团队获得预期的目标，领导者就必须学会科学合理地控制，并且很好地运用这两种手段。

1. 少做事，多管人

做领导最忌讳做成保姆。在一个公司里，管理者应该多管人，少管事，不要事必躬亲。如果每件事，不分大小都要自己亲自动手，就会捡了芝麻丢了西瓜。

首先，要用好自己的耳朵。来自他人，特别是员工的意见，要认真倾听。这样做，一方面能让他们知道自己是被重视的，另一方面，也能够对公司的不足及时做出补救和修正。试想，当一个员工向领导提出意见后，领导对他说，"你的这些意见毫无意义，以后只要做好自己分内的事就行了，其他的我作为领导当然会知道，不用你来告诉我。"那么这位员工肯定会感到沮丧和不受尊重，他的工作积极性也会备受打击。

其次，要做好员工的"打气筒"。当员工出现工作热情不高的情况时，作为领导，要及时去鼓励并帮助他们，突破限制工作进一步发展的"瓶颈"，总结经验教训，为下一步的工作做好准备。而当员工取得了成绩时，也应该给予表扬和奖励，以便让他们继续保持这种良好的工作状态。

再次，作为领导要学会"放手"。当你把一项工作交给员工之后，就不要总想着"他能不能做好？会不会使公司蒙受损失？"如果领导总是怀疑下属的工作能力，那么员工在完成任务的时候，就会有心理负担，潜意识中就会觉得自己肯定不能很好地完成工作。这种怀疑，虽然能在短期内满足领导那种"如果没有我,这公司早就完了"的虚荣心,但是从长远来看，公司的发展一定会受到负面影响。

第十一章　大权独揽，小权分散
——总经理要管头管脚，但不能从头管到脚

不做保姆做指挥

在一个部门或企业中，人才是核心生产力。因此，作为领导，不能只着眼于小处，而应该抓好人事管理，把员工的意见吸收进来，把对下属的鼓励和帮助传播出去。除此之外，还要"用人不疑"，相信下属的办事能力，这样才不会捡了芝麻丢了西瓜。

2．不该授权的要亲自做

在组织中，领导千万不能做成"甩手掌柜"。身处在一个部门或企业的管理层，不仅要学会"放手"，更要学会"收手"。该做的一定要自己亲自去做。

（1）放眼未来，树立品牌。

品牌，就像是一面旗帜，古代军队作战，一定要跟紧自己的大旗，现代经济商战，也要坚守住自己的品牌。要想打造能够长久发展的老字号，保证产品和服务的质量是根本。从1886年开始到现在，"奔驰"这个品牌已经发展了一百多年，靠的就是一流的产品和不断完善的服务。因此，保证质量才能让品牌长久，没有良好的质量，也必然不会有著名的品牌。

（2）打造黄金团队。

金无足赤，人无完人。一个公司中，员工的能力肯定各有差别，他们的业务水平也会有高有低。作为领导，就要学会让每位员工都扬长避短，发挥自己擅长的，同时学习自己还不太熟悉的。要让每个人都能在队伍中找准自己的位置，并且能有良好的沟通和交流，这样，才能在竞争激烈的经济大战中扬旗出征。

（3）留住"上帝"。

人们常说，"顾客就是上帝。"确实，如果不能让顾客满意，那么再好的商品也有卖不出去的风险。想要留住"上帝"，首先产品的设计和生产就要符合顾客的心理，因为谁也不会买自己不喜欢的东西；其次，在销售的过程中，也要时刻听取顾客的意见，不断对产品进行改正和完善。留住"上帝"，才能留住企业的发展之路。

领导也要做好自己分内的事

作为领导，不能只是走马观花，高高在上。做好自己该做的，既是应该的，也是十分重要的。在管理中，不仅要了解自己的员工，让他们发挥优势，克服短板，也要了解服务的对象，用高质量的产品和服务来赢取企业的长久发展。

3．防止权力分散和被架空

凝聚力和向心力是企业管理的重要内容。作为领导，要想获得有效管理，一定要学会"分权"和"授权"。同时要把握好其中的度，如果"过度授权"，就会造成企业内部分散乃至大权旁落的局面。

回头看历史上的西汉王朝，政府统治一直受到外戚和宦官专权的干扰。吕后专政、窦婴越权；即使是一代枭雄汉武帝的统治时期，也有田蚡越位的事情发生，更不要说霍光之后的王、史、许家族对统治政权的虎视眈眈了。最后，因为外戚王莽的野心，强大的西汉王朝最终遭遇了灭亡的命运。

正如韩非子所说，"六微，一曰权借在下。"作为一国统治者，把统治

第十一章 大权独揽，小权分散
——总经理要管头管脚，但不能从头管到脚

权力交给别人，就像给了别人一把杀自己的刀子。

1990年的波斯湾战争，美军在与伊拉克的对抗中占尽上风，最终赢得胜利。秘诀就在于，当时总指挥官施瓦兹科夫将军做出的两个重要决定：第一，要求海陆空三军协调合作，将指挥权统一到一起；第二，军队的补给也由一人负责，避免各自为政。从这件事就可以看出，权力的集中在战争中起到了非常重要的作用。

一般来说，管理绩效良好的公司都有集权的现象。让所有人都进入决策层，既不容易实现，也没有必要这样做，如果真的这么做，公司就乱了。

不仅国家之间的战争需要集中权力，企业的发展同样需要权力的统一。领导人如果不能对决策权、人事权等关键部门进行真正意义上的掌控，在企业的内部，就会出现帮派斗争，下属也会更关心"站队"是不是正确，这样的话，企业的正常发展就难以保持了。

大权在手不分散

在管理中，既不能大小权力一把抓，事必躬亲，也不能让权力被分散和架空。因为，权力一旦分散，领导人的地位就会随之荡然无存。所以想要保证企业的长远发展，就应该保证主导权始终掌握在自己手中。可以说，主导权和永久发展，相互依存，不可分离。

4. 根据员工的长处授权

所谓的"让员工参与管理"就是指，提高组织成员对决策进程的参与度，以此来提高工作的质量，同时也能提高员工的工作满意度。

授予的权力形式并不唯一，可以是客户服务、人物分派，也可以是员工选拔、工作方法等。应该注意的是，在单纯的权力给予中，也应该伴随着信息告知、知识技能的培训和提高以及报酬的改善等等，只有这样，员工才能成为真正意义上的管理参与者。

作为管理者，一方面要考虑员工的特性怎么样，另外还应该考虑到要交出去的权力责任本身有哪些特点。综合这两点，才能够把正确的事交给正确的人，达到最佳效果。

一般来说，具备以下特质的员工是赋予权力的理想人选：

（1）具备大公无私的奉献精神。

这样的员工都会真正把公司当作自己的家，把上级交给的任务当作自己的事情来做。

（2）公私分明的正直派。

这样的员工能够在处理工作问题的时候专心致志，不徇私情。

（3）具备独立完成工作的能力，善于创新。

要选敢于担当，并有能力较好地完成任务的人来授予权力，最好能够在原来的基础上推陈出新，帮助企业走上更高的台阶。

（4）具备强大的自信心和良好的抗压性。

自信心能让人在失败中总结教训，重新站起来，而良好的抗压性，则会让人坚持到底，不轻言放弃。

正如马云所说，"用人不在于如何减少人的短处，而在于如何发挥人的长处，并把他放在合适的位置上。自己怎样挥舞球棒并不重要，重要的是场上所有的人都能将球棒挥动得恰到好处。"正是因为懂得这个道理，阿里巴巴才能获得较好的发展。如果我们在考虑这个问题的时候，也能够注意到这一点，那么一定会收到事半功倍的效果。

第十一章　大权独揽，小权分散
——总经理要管头管脚，但不能从头管到脚

把正确的人放到正确的位置上

在企业管理中，学会做"懒老板"很重要，这里的懒，并不是说真正的懒，而是把一些权力交给可靠的员工，自己的工作就会变得既轻松又有效率。在授权环节，一定要找对找准"受权人"，如果找错了，不仅会让自己更加受累，还会给企业带来损失。

5．判断"不宜授权"的工作

除了可以交给下属去承担的责任，还有很多工作是不能"放手"的，要正确判断出哪些工作"不宜授权"，领导们就要从下面这几个角度来考虑：

第一，在这项工作中，是否需要具有决策权的领导参与。

不是只有重大的事情才需要老板出面，有时候一些相对常规的，甚至是比较琐碎的事情，也会需要老板亲自出马。比如，和一位非常重要的客户打交道、同新闻媒体见面、和组织中职位较高的人协同工作等等，这些情况基本都有一个共同点，即对方的身份和地位非同一般。如果对方的地位较高，对公司的发展很重要，那么不管是多小的事，老板都应该亲自到场，以显示出对对方的重视。

第二，在下属开始工作之前，你是否需要对他们进行指导。

指导的内容，可以是这项工作的主要内容，这次工作的重要性，甚至是关于如何完成工作的一些方法。对下属进行指导，一方面能够帮助他们更好更快地完成任务，另一方面也能够表现出对他们的尊重和对这项工作的重视。如果通过中间环节来间接告诉他们关于此次任务的事情，员工们会认为这项工作并不是十分重要，或者管理者对他们并不重视。

第三，这项工作会不会给组织带来实际的风险。

如果这项工作是十分重要的，做不好就会给整个组织带来实际的危害，那么这项工作就不适合"放手"。试想一下，如果把这种工作交给员工去做，万一失败了或者出了差错，身为领导，虽然可以摆脱直接责任，却会给自己的团队带来很大的伤害。所以，遇到这种工作，老板应该带头冲在前面，对整个场面作出明确判断，千万不能让自己的员工在没有指挥官的情况下去冒险。

不该"放手"的不能放

对于重要的责任和任务，老板千万不能完全撒手不管，如果不闻不问，让自己的员工在没有指导和指挥的情况下去冒险，那么这种授权既是不负责任的，也是非常危险的。一旦处理不好，不仅不会给自己的队伍带来利益，反而会蒙受损失。

6. 合理授权应遵循的原则

在对下属的授权中，有一些原则需要遵循和注意，恰当地运用这些原则，能够让权力分放得恰到好处，同时还能够防止员工越权、脱离控制等现象的发生。

要把权力落实到位，首先要让员工对自己负责。有的领导在把任务交给下属之后，习惯这样说，"这件事全包在你身上，怎么做你自己决定，

第十一章 大权独揽，小权分散
——总经理要管头管脚，但不能从头管到脚

不用再来问我。"当员工听到管理者这样说的时候，心里一定会这样想，"反正都是我说了算，不管我怎么做都没关系的。"那么，这种授权就是失败的，因为它并没有达到合理运用权力、改进工作质量的目标。

授权之后不能放松监管。高明的领导都会偷懒，也会抓好自己该管的。授权之后，管理者的角色由工作的实施者变成工作的控制者，只有完成这一角色转换，授权才能走上合理、有效运行的轨道。在《三国演义》中，神机妙算的诸葛亮派关云长去守荆州，这两个人，一个有智谋，一个有胆识，结果却意外上演了"大意失荆州"的故事，这就是因为在授权之后，统帅放任管制，没有及时调控。

既然要把权力下放给员工，不妨把仪式搞得隆重一点。这样做，一来能让下属感受到管理者对他的重视，二来也能增强下属的责任意识。美国劳工协会的缔造者冈波士先生在刚开始工作的时候，遇到了不少困难，原因在于贫困的劳工们集体感不强，也不知道怎样联合起来，组织就像一盘散沙，没办法进入正常的工作轨道。经过一番思考，冈波士先生决定给那些愿意承担责任的劳工们颁发"官样委任状"，别小看这个小小的荣誉，正是它让劳工委员会得到了迅速的发展和壮大。可见，在授权的时候，给予员工荣誉感是一个非常有效的方法。

最后，虽然把权力给了下属，但是，在放手之前还应该明确权力的范围和大小，千万不能允许下属越权。没有规矩不成方圆，自主决策也要在一定的范围内。如果发生了下属越权现象，一定要及时准确地做出正确的回应。一方面，要做出一级管理一级的分层教育，另一方面也不能一概而论，要针对不同情况分析出越权的原因和动机，然后具体问题具体解决。

"放手"也要有原则

为了能够取得更好的成果,在授权中一定要注意权力落实到位,监管不能放松,仪式可以隆重,防止越权发生这四点原则。要让员工分清,哪些是自己职责范围内的事情,哪些不属于自己的管辖区。只有这样,才算是成功的授权。

第十二章

治理内耗,消除抱怨
——带队伍重要的是带作风

　　在一个企业里,领导者的权威必须树立起来。想要让员工对自己肝脑涂地,就一定要让他们"心服口服"。老子说:"太上,不知有之",这句话告诉我们,那些体悟到领导大道的人,才会真正施行无为而治。而在这一环节中,良好的队伍作风,就是企业在竞争中必不可缺少的软实力。

1. 绝不容许"拉帮结派"

在一个企业中，常常存在着这样一部分人，他们各自独立时，并不自视过高，可是却喜欢拉帮结派，形成自己的小队伍。随着队伍的扩大，他们还会更加强调自己这一派在组织中的影响力。毫无疑问，这是在公然向领导权力示威，作为领导，绝不能给这样的小圈子留下生存的余地。

回顾我国历史，这类的例子不在少数，从东汉时期的党锢之祸到唐代的牛李党争，从宋朝时以王安石变法为核心的两派争斗到明朝的东林党与宦官的你争我抢，哪一次不是把皇权的统治闹得乌烟瘴气，直到彻底把政府掀翻了为止。

国家统治是这样，公司管理也同样是这个道理。试想一下，如果一个公司内部分出三四个帮派，那么大家每天要做的很可能就不再是思考怎么提高自己的业务水平，也不是如何为公司创造业绩，而是想着把自己的队伍搞大，然后在时机成熟时一举打垮现在的领导班子，自己做皇帝。而且，对于那些资历较浅的年轻人来说，他们最担心的也可能不再是自己的工作完成得不好，而是担心自己在这些帮派中会不会站错了队。这样的话，这个企业还能发展得好吗？

当然，能够组建起小圈子的人，大多数都是有背景有势力的"铁钉子"，虽然拔钉子很困难，但也不能就此放弃，任由其发展。否则，小钉子就会像一颗蛀牙一样，不断侵蚀着整个组织。

在砸烂小圈子的时候，领导一定要一砸到底，绝不能手下留情，不能因为受到了各方阻力就半途而废。如果是那样，不仅小圈子无法铲除，还会削弱自己在公司的威信，更会给帮派斗争留下可趁之机。

不断地剔除掉自己筐子里面的烂苹果，是现代企业管理中一项任重而道远的事情。拉帮结派的小队伍就是这样一个烂苹果，也许这个队伍的人数并不多，队伍的整体实力也还不够强大，但是因为小圈子代表的只是部分人的利益，不能够为整个公司带来好处，所以一旦发现，必须严加惩处。

发现毒牙马上拔掉

拉帮结派，各自为政的小圈子，就像是公司内部的一颗毒牙，随着破坏力不断向外扩散，对组织的伤害也会越来越大。只有从整体利益出发，坚决打掉打散这些小圈子，才能维护公司的正常运转，领导的威信和权力才会不受损伤。

2．消灭公司里的扯皮现象

"不肯久居人后"这句富有英雄主义的话语，赞美了那些理想远大，并愿意为之付出努力的人。在现代企业中，我们却常常看到另一种现象：员工之间相互推脱，谁都不愿意接手那些琐事杂事，把责任当作皮球一样踢来踢去。这就是"相互扯皮"的不良文化。

约翰所在的公司就存在这种现象，虽然上级总是在开会的时候要求大家认真工作，负起责任，但是由于公司内部对工作的划分和岗位的安排都不完善，所以大家并不是十分清楚哪些工作是属于自己的。

另外，由于公司刚成立不久，有许多琐碎的杂事，大家都抱着"这不是我的工作"的态度来上班。时间一长，积累的事情越来越多，虽然员工不少，却没有几个能真正担起责任，认真完成任务的。等到领导检查时，大家就互相推脱，尽管设立了严厉的惩罚措施，也无济于事，公司的发展遇到了很大的阻碍。其实，面对此种情况，老板应采取以下措施。

（1）具体工作分派到人，明确每个人的职责所在。

把工作明确分配到各人的头上，出了问题才能在短时间内找出负责人并把问题解决掉。有的人害怕出了差错受到惩罚，就千方百计地逃避责任，如果整个公司的责任安排一团乱麻，那么公司的正常运行就难以进行下去。

（2）建立清晰的赏罚制度，并严格执行。

赏罚制度，能够保证各项工作都按轨道操作，员工取得了成绩，为公司做出了贡献，就要给予奖励，并作为榜样来激励其他员工。如果不认真工作，或者出了问题逃避责任，就应该承担相应的责罚。各项制度执行有力，才能使人信服。

（3）建设积极向上的企业文化。

企业文化，作为一个公司的软实力，在其发展壮大中起着不可忽视的作用。积极向上的企业文化也更能激发员工的工作热情。认真负责，敢于担当，都应该算作其中重要的组成部分。

各就各位，赏罚分明

组织内部，人浮于事，相互推诿扯皮，不仅浪费了时间，也会让公司在机遇到来时与之擦身而过。领导应该从大局出发，把各项工作责任落到实处，并科学地利用赏罚制度来增强公司的凝聚力和向心力。

3．防范下属欺上瞒下

在老板眼中，下属玩弄手段欺骗自己、掩盖事实真相，进而谋取私利

第十二章 治理内耗，消除抱怨
——带队伍重要的是带作风

的行为就如同自己的眼中钉、肉中刺，让人寝食难安。所以下属欺上瞒下这件事，不得不防。

冯异是东汉开国皇帝刘秀身边的一员猛将，能征善战，功勋赫赫，因此不断得到刘秀的提拔。对此，许多大臣心怀妒忌，纷纷上书诋毁冯异，列举他拥兵自重、滥施刑法、鱼肉百姓等等罪状。而此时的冯异也担心自己有朝一日身败名裂，不能保全性命。于是上书请求告老还乡。但是刘秀找不出可以代替他的将领，就没有答应他的请求。后来，冯异得知皇帝又收到了别人告发自己的秘密信件，便知道皇帝对自己已经有了戒备。于是他马上上书向皇帝表明自己的赤诚之心，这才又相安无事。

尽管冯异没有欺骗皇帝，但仍然不能免除刘秀的猜疑之心。这个故事就反映了领导和下属之间的微妙关系。虽然我们常说"用人不疑"，但是由于具体管理的复杂性和不确定性，领导人在统帅部属时，还是要有所防备，以防做出错误决定。

春秋战国时，有一次齐国大夫夷射陪齐王喝酒。宴饮之后，喝醉了的夷射就靠着门廊休息。这时，守门人向他讨要一些宴饮剩下的美酒，却遭到他的拒绝。

等夷射离开后，守门人就在门廊下泼了一些水。第二天，当齐王走到门廊处看到水迹时，就问到"是哪个胆大的在这里撒尿了？"守门人回答说："只有夷射昨天在这里休息过。"齐王信以为真，就砍下了夷射的脑袋。

守门人为泄私愤，编造事实欺骗齐王，让齐王作出了错误的决定。如果组织中有许多这样的员工，领导做出的决定又怎么能全部正确呢？

在《韩非子·八奸》中提到的"同床"（枕边风）、"在旁"（领导的秘书等）、"父兄"（领导者的亲属）、"养殃"（投其所好）、"民萌"（假公济私、收买人心）、"流行"（旁敲侧击）、"威强"（营造自己的势力）、"四方"（利用外部力量制约领导）是欺上瞒下，获取私利的八种手段。在现代的企业中，它们仍然存在。领导应该擦亮自己的眼睛,分辨出真假。

明察秋毫不放松

在企业管理中,领导人需要明察秋毫,不断提升自己的观察艺术和谋略水平。《吕氏春秋》提醒人们:"有道之士,贵以近知远,以今知古,以所见,知所不见。"从这一角度来看,中国式企业管理实际上是讲究谋略文化的操控艺术。

4. 清除定时炸弹

游手好闲、这山望着那山高、只知道给领导戴高帽、在组织内人缘极坏甚至被所有人都厌恶……企业中难免有这样的员工,作为管理者,一旦发现这些"定时炸弹",一定要尽快拆掉,绝不能再让他们呆在自己的阵营里。但是,鱿鱼的炒法有多种,你该怎么炒呢?

一位商场经理发现一个叫小贾的下属工作表现很差,而且人品行很坏,有时还会把商场的东西当作自己的偷偷带走,平日里经常在同事中搬弄是非,唯恐天下不乱。经理决定辞退他,方法是"三步曲"政策。

首先,经理把小贾要离开公司的消息传播了出去。而且,当他告诉别人这个消息时,脸上还流露出很遗憾,很懊恼的样子,同时还会配以适当的解说词:"唉,小贾马上就要走了,我又得忙着物色新人,还要重新培养。想想就让人头疼。"

经理之所以这样做,自然是要让其他职员把这个"消息"传到小贾的耳朵里。在大家反复询问小贾要到哪去的时候,小贾心里已经明白经理这

第十二章　治理内耗，消除抱怨
——带队伍重要的是带作风

是在下逐客令了，意思是在告诉他，识相的话，就借这个台阶体面地离开公司，如果倘若揣着明白装糊涂，最后只能让他更难堪。

但是小贾不想就这样辞职，于是他开始装糊涂。经理一看第一招没管用，就开始走下一步棋了。接下来，他在工作中找小贾的茬儿，而且一旦发现了错误，就会当着其他员工的面儿严厉批评他，并将他以前的错误在开会时加以揭发，目的就是要让他觉得自己很没面子，然后向公司提出辞职请求。

小贾还是不想辞职，经理不得已使出了最后一招杀手锏——把装有本月工资的信封直接交给他，告诉他被解雇了。最终，小贾在经理的"三步曲"政策下终于被辞退了。

倘若这种"定时炸弹"不除，公司的纪律就会失去威慑力，也会给组织带来不正之风，因此，领导一定要心狠手快，铲除毒瘤。

"定时炸弹"留不得

面对组织内的破坏分子，一味地用仁慈之心来感动他们，是不管用的。该严厉的时候，一定不要放松，遇到难缠的员工，还要学会巧妙地利用各种辞退方法。同时拆除"定时炸弹"也不忘以儆效尤，这样才能维护自己的威信，保证公司的正常运转。

5．平衡"新人"和"旧人"的冲突

一个公司在成立一段时间之后，必须要进行一次"换血"，那就是在工作、制度、人事等方面进行改革。而在改革中，拥有新观念的"新人"会进入到原本已经成型的组织中，公司的平衡也会被打破，一些资历较老的员工就会认为自己的利益受到了侵犯，这样，"新人"与"旧人"的冲突就在所难免了。

争吵是冲突必然会产生的后果。一般来说，战斗的结果有两种，一种是以一方的离开而结束，胜利的一方在公司内部重新建立了制度和秩序。另一种是双方的争吵给彼此的磨合创造了一个有力的时机，无论是"新人"还是"旧人"，都在这次变动中获得了成长。冲突会打破原有的平衡，同时也会创造出新的平衡。

管理者要做的就是，尽可能地缩短冲突期，因为这样，企业才能尽可能快地回到正常的轨道上来。

（1）给"新人"加油打气，帮助他们站稳脚跟，迫使保守势力俯首就范。

如果改革派势单力薄，不能形成一股强有力的风潮，那么还没进入到企业内部，估计就被原有势力消灭了。如果这样，那么这次的改革就是失败的。所以领导在引入大量新鲜血液时，一定要帮助他们团结起来，在面对保守势力的攻击时做到互相支持。只有让新的势力在企业内部站稳脚跟，改革才有可能成功，企业的发展也才能够实现预期目标。

（2）领导态度要坚决，不要被重重阻力打倒，不可半途而废。

要改革，必然会影响一些人的既得利益，如果因为受到了阻力就停步不前，公司的发展就很难再上一个新台阶。所以，下定决心改革的时候，领导一定要坚持到底不放松，排除万难，这样才能登上险峰。

第十二章 治理内耗，消除抱怨
——带队伍重要的是带作风

平衡冲突，坚持到底

在企业改革中，作为公司资历较深的"旧派"，必须要逐渐放弃自己过去的观念和工作方式，学习新知识和新的思维方式；而"新人"在冲突中也要逐渐认识到公司的局限性，降低身段，实打实干，吸取"旧人"丰富的经验。只有新旧两派完全融合，和企业共进退，才算是一次成功的改革。

6．做一个公正的裁判

一家企业的成功，绝不是领导一个人就可以实现的，需要全体工作人员的努力与支持。有的领导在对待不同员工的时候，经常看人下菜碟儿，标准不一。这样不仅影响了工作的正常进行，还损害了自己在员工心中的形象。

王学是一家钢铁厂的厂长，在一次与客户谈判中，他的秘书王强据理力争，不卑不亢，为公司赢得了利益和荣誉。可是在这之后的一次内部会议上，王学只是滔滔不绝地谈着自己如何为公司费心费力，对于王强的贡献绝口不提。虽然当时王强并没有表现出不满，但从此之后，他对待工作的热情明显不如以前，等到另一家公司向他伸出了橄榄枝，他马上递交了辞职信。王学失去了得力助手，工作进展的也没有以前顺利了。

在论功行赏时，作为领导一定要做到公正公平，就像运动比赛一样，如果裁判不公正，那么比赛就会失去意义。在企业管理中，一方面，领导不能有"功劳都是我的，错误都是下属的"这种想法；另一方面，在对待员工时，也应该一碗水端平，不能偏袒其中一方。

企业里出现一些"谣言"是不可避免的,作为领导,不用对所有的"谣言"都堵上耳朵,对公司有影响的,或者很可能会阻碍工作进行的"谣言"也应该听一听。关键是，怎么听，听完了怎么做。应该在了解了实际情况之后再做决定，切不可没有经过考察，就按照平常的私人感情来下结论。如果长此以往，就会助长公司里的不正之风。

"谣言"可以听一听，处理问题要公平

领导，是一个组织的带头人，也是许多事情最终的仲裁者。这就要求在看问题的时候应该尽量避免戴上空间上的"有色镜"、患上时间上的"近视症"。当需要你作出决定时，应该先掌握十分丰富并合乎实际的材料，然后认真分析这些材料的本质联系，这样才能得到正确的结论。

第十三章

冷静果敢，掌控情绪
——行使权力，心善不能心软

  俗话说：生意场上无父子。所以要想获得成功，必须经过无数磨难。在商业竞争中，形势瞬息万变，优秀的领导者不仅能够及时抓住机会，更能保持冷静理性，在该做决定时果断出手，绝不允许因为自己的情绪不当而造成失败。

1. 别让"怒气"误了事

在企业管理中，常常需要领导者拍板决断。这时，只有冷静、细致、周密的思考，才能让领导者做出对公司和自己最有利的判断；而感情用事则往往会对自己造成妨碍，致使在突发事件面前，做出错误的决定。因此，领导者应该注意，不要让自己被一时的怒气"牵着鼻子走"，要做到"每逢大事有静气"。

武汉市乌龙泉镇有一家麻纱厂，刚开始的时候，厂子的效益不错，客户也很多。可是过了一段时间，好多产品都积压在仓库里。后来厂长武德梦也被警方拘捕了，原因是他脾气暴躁，经常因为一点小事儿打骂、体罚员工。

厂里的员工中，有很多外来打工者，他们不是本地人，在当地也没什么亲戚靠山。一旦他们的工作出了差错，武德梦就会使用野蛮至极的手段来对付他们。例如员工上班迟到了，不仅会被扣罚奖金，还要围着公司大院跑一天。如果他的"怒气"未消，迟到的员工即使累得倒下了，也得爬起来接着跑。除此之外，变本加厉的体罚也时有发生。一次，一位员工因为给客户送货稍微晚了一点，武德梦竟然把这位员工狠狠地揍了一顿。最终，武德梦的"驴子脾气"让员工们无法忍受，一位多次受辱的员工最终报案，并将他的种种野蛮行为全部披露给公安机关。最后，不仅工厂倒闭了，连武德梦自己也受到了法律的严惩。

像这样素质低下的领导者，在进行企业管理时常常会感情用事，一旦惹怒了他们，员工就要挨骂挨打。有的公司老板甚至还会私设公堂，俨然一副霸王气派。长此以往，难免会给下属带来逆反心理，他们一定会想："我每天认真工作，犯一点小错误就要被老板这样羞辱，为什么还要留在这里呢？"不能留住自己的员工，公司的未来发展将会是一纸空谈。所以，那些喜欢发脾气的老板，远比无能的领导更容易遭致失败。

不做"怒气"的奴隶

公司管理，也要做到有理、有力、有节。遇到突发情况，一定要保持冷静客观，切勿被一时的愤怒冲昏了头脑，做出让自己后悔的决定。只有控制住自己的情绪，才能在激烈的竞争中获取胜利。

2．防止员工投机取巧

从前有一户人家的院子里种了一棵桐树，过了几年，树已经长得很粗壮了。这一年冬天，不知道为什么这棵树有些枯了。有个邻居就过来对这家人说："家里种桐树是很不吉利的，反正它现在也枯了，不如赶紧砍掉吧。"这家人信以为真，就把树砍倒了。没料到，树刚刚砍下来，那个邻居又跑过来说："这棵树放在这里也是占地方，不如给我吧，正好我还没有过冬的柴呢！"这时，这户人家才知道是上了邻居的当。

在企业内部，也会有像这个邻居一样的人，他们不追求工作的突破，业务的精进，每天都在为自己的利益算计，眼睛总盯在别人的好处上，想着怎样占为己有。这样的员工绝对是组织里的"烂苹果"。

小王在一家私营企业做秘书，一次老板交给他一项任务——办一次企业文化宣传会。宣传会结束之后，小王对老板说："这次的宣传会非常成功，彻底打响了我们公司的品牌，今后我们的客户一定会越来越多！"老板听了这话，非常高兴。谁知，没过几天，老板就听到员工们在吃饭时候说：

"宣传会做的一点都不好,小王把钱都装进自己的腰包,只摆了一个小小的展台,结果根本没有几个人过来听我们的宣传。"老板知道真相后很生气,立刻解雇了小王。

老板一开始之所以会相信小王,就是因为像小王这样的员工很会投机取巧,不仅中饱私囊,还欺骗上级,结果给公司带来了损失。如果老板一直不知道事情的真相,那么公司的损失就会越来越大。所以,在企业管理中,领导要时刻保持警惕,对这些善于挖空心思琢磨算计自己的谄媚者,一定要小心对待。

耳听为虚,眼见为实

要在企业内部多组织一些员工交流活动,老板也要和下属多沟通,多了解企业的信息。这样,真实的意见和建议才能传到领导的耳朵里。同时,要营造公平竞争的企业文化,要让员工明白,任何人想要成功,都要靠自己的真本事。

3. 揪住狐狸的尾巴

在企业内部经常有一些"假面"员工,他们凭借自己出色的演技总能混得不错。遇到这样"假面"员工,管理者一定要做到"三不":不为其谄言所动;不为其求怜同情;不为其馈赠贪心。只有识破他们的假面,并完全将他们打败,才能保证企业的健康发展。

张林在一家有限公司担任总经理,常常利用职务之便来满足私欲。几年中,仅仅是在销售工作中他就拿到了几十万的回扣。另外,为了把儿子

第十三章　冷静果敢，掌控情绪
——行使权力，心善不能心软

送进一家效益不错的单位，他四下找关系、送礼，而这些投资也是从公司的业务款里挤出来的。在公司里，张林更是建立起一支由自己亲戚、朋友、同学等组成的队伍，谁有不同意见，就打压谁，谁敢大肆反抗，就解雇谁。结果公司被他弄得乌烟瘴气，不仅没有积攒下固定客户，还有大量产品积压在库房。公司董事长也被他谄媚之词蒙骗了，并不了解真实情况。

不久，公司换了一位董事长，这位董事长业务能力和人格品质都很优秀。刚上一任，新董事长就在公司内部进行了一番人事调整。但是，由于张林在公司里已经工作了很多年，属于资历最老的一辈，所以在最初的人事调整中他并没有被换掉。

刚开始，张林工作积极，公司的发展也有了一定的改观，不明情况的新董事长很高兴。可是，没过多久，张林的狐狸尾巴就露出来了。董事长勤于事务，当然有所察觉。一开始，考虑到张林资历高，为公司工作多年，因此只是私下里心平气和地跟找他讨论过这些问题。没想到，张林本性难改，旧的工作作风和管理方法不仅没有收敛，反而愈演愈烈，公司也开始走下坡路。

这位新董事长经过一番考虑，认为不解决这件事，公司的未来就可能会毁于一旦。于是，他没有顾及人情，最终冲破阻力，坚决地解雇了张林。随后经过一番彻底的改革，公司的面貌终于焕然一新。

对待这种"小人"，公司领导千万不能心慈手软。如果不及时解决掉，就是养虎为患，到头来追悔莫及的一定是自己。

假面员工一定要铲除

管理公司，要从大局出发，进行长远考虑。那些满心算计的员工一旦露出他们的狐狸尾巴，就要及时铲除掉，同时要在公司内部严明纪律，以儆效尤，不要不以为意，最终害了自己。

4．一山难容二虎

在大自然中，一山难容二虎。在情场中，"排他性"也是必然规律。到了竞争激烈的商场中，更是如此。"卧榻之地，岂容他人酣睡"。有时候，对竞争对手宽容就是给自己铺了一条走向失败的道路。所以，一定要在关键时刻，快刀斩乱麻，及时清除障碍。

清朝初年，山西豪富亢氏在原籍平阳府开设有一间大当铺，生意兴隆，可谓是日进斗金。不久，在亢氏当铺的附近新开了一家当铺。亢氏心想："这块肥肉怎么能与他人共享？我亢氏在这里也是数一数二的富豪，不能随随便便地给打败，让别人看我的笑话！"于是，他每天派人拿一个金罗汉到这家当铺去当，典价银1000两，连续典当了三个月，几乎要把这家当铺掏空了。

眼看着自己的产业要被吃掉，这家当铺主人忙问典当人，"你怎么有这么多的金罗汉？又为什么要当掉呢？"来人答道："我家有金罗汉500尊，现在才刚刚典当了90尊，我家主人并不缺钱花，只是嫌这金罗汉放在家实在碍事。"这家当铺主人听了大吃一惊，急忙向来人施礼，命人倒茶伺候，仔细询问来人的主家。这时知道对方原来是平阳府巨富亢氏。当铺主人自知家底浅薄，不是亢氏的对手，马上托人与亢氏协商，请他将金罗汉赎回。最后，这家当铺关门大吉，主人远走他乡，再也不敢和亢氏竞争了。

商场就是这么残酷。你刚刚倒下，别人马上就会站起来，开始新一轮的争斗。想要平安无事地走到成功的顶峰，那是不可能的。在走向成功的路上，不管你想不想承认，其实每一步的前进都是倒下的对手用血泪铺就而成的。

有这样一个总经理，在工作上非常依赖业务部经理。不但把业务部的人士调动权和业务开展全都交给他处理，而且还允许他参与公司的一些重大决策。久而久之，业务部经理在公司内部发展起了自己的队伍，同时也积累了很多管理经验。后来，业务经理辞职后开了自己的新公司，不仅把原来的公司精英全都挖走了，还带走了大量客户。一个好端端的企业就这样变成了空架子。这不能不说是那位总经理在管理和用人上的重大失误。

不要给自己培养敌人

一山难容二虎，在分权和监管上一定要多加小心。竞争是残酷的，如果这时候，自己不狠起来，企业很容易就会成为别人向上发展的垫脚石。只有不放松警惕，时刻关注形势变化，才能在激烈的竞争中立于不败之地。

5. 给对手设下"迷魂阵"

在中国，蒙牛公司可谓是家喻户晓。然而，却很少有人知道，董事长牛根生在创业之初，是用什么方法打败了伊利"老大哥"的。

刚开始的时候，牛根生为了扩大蒙牛的知名度，不惜拿出300多万元在呼和浩特进行广告宣传，其中最重要的一笔花费就是，几乎在一夜之间，呼和浩特大街上的所有灯箱都变成了蒙牛的广告牌。只可惜没过几天，这些灯箱广告就被别人用刀子划破了。发生了这件事，公司里的所有人都很气愤，而且明眼人一想就知道是谁做的。但是，牛根生考虑到公司的长远发展，并没让大家把这件事情闹大。

广告灯箱被破坏了，蒙牛公司没能在当地站稳脚跟。当时，伊利和草原兴发这两个公司的规模已经发展得很大了，不仅资金雄厚，而且几乎占有了所有市场。在它们面前,蒙牛就像是一棵小草,毫无竞争力。但是,蒙牛公司要想发展,就必须要猎取这两大"猎物"。为了成功实现这一计划,牛根生想到了一个主意,那就是:开始"为别人"做广告。在自己生产的冰激凌包装上,蒙牛打出"为民族工业争气,向伊利学习"的字样;并且还在广告牌上写到"千里草原腾起伊利、兴发、蒙牛乳业"。

这样一来,伊利和兴发两个公司都对蒙牛放松了警惕,他们认为,蒙牛自己出钱为别人打广告,真是白费力气。而实际上,蒙牛是在为自己做广告,之所以要这样做,是因为一来可以削弱商业竞争的直接矛盾冲突,二来还能为自己的发展赢得缓冲时间。通过这个办法,蒙牛公司终于在市场上占有了一席之地,并在坚持不懈的努力中,成功猎取了两大"猎物",成为中国乳业最著名的品牌。

以退为进,曲线发展

古人在战术中常常讲究以退为进,其实,在企业管理中,这个方法同样适用。当发展目标很难直接达到时,可以给对手设下一个"迷魂阵",模糊对方的视线,来为自己的发展赢得机会和时间。

6. 要有蛇吞象的霸气

小企业,往往没有雄厚的资金,不敢与大公司一较高下。但是在商业竞争中,也常有小蛇吞掉大象的情况发生。1977年,李嘉诚与英资决战的故事,就是一个活生生的案例。

当年5月,香港政府为兴建中区的地下铁中环和金钟站地面建筑而举

第十三章　冷静果敢，掌控情绪
——行使权力，心善不能心软

行了公开招标。这块黄金地段，让无数财团垂涎欲滴，都想把它抢在自己手里，李嘉诚竟标者之一。

而李嘉诚面对的，是英资怡和财团控制下的置地公司。由于实力雄厚，又有香港政府做后盾，因此置地集团素有"地产皇帝"之称。面对这样一个强劲的对手，李嘉诚并没有打退堂鼓。在对此次招标情况作了详尽的分析后，他制定出了周密的投标方案。因为地铁急需回笼资金以减轻负担，因此他提出要同时修建高端商业大厦，并在建好后向外出租。这样通车之日便是商厦竣工之时，地铁部门的巨额投资也就可以很快回拢。相比之下，置地公司仅提出了兴建楼宇供出租的方案，因而并不符合招标部门的期望。就这样，李嘉诚竟标成功。

首战告捷，更加鼓舞了李嘉诚的士气，他决定向英资公司大举进军。

第一步，李嘉诚要做的是拥有一家属于自己的水泥厂。

"青洲英泥"是英资财团手下的企业，也是香港唯一的一家水泥工厂。但是由于管理方法落后，设备陈旧，产品质量并不高。李嘉诚在购进"青洲英泥"后，就开始更新设备，改进管理，让这家水泥厂焕然一新。

第二步，他还想通过搬迁工厂，做一笔地皮生意。

一般来说，由于污染严重，水泥厂必须建在城市的远郊。经过二三十年的发展，青洲水泥厂附近早已从荒芜人烟之地变成了繁华的商业区。于是，水泥厂不仅影响了当地的美观，还造成了空气污染。附近居民多次要求政府将水泥厂搬迁，却一直没有结果。

1978年，李嘉诚在股市上不露声色地购买"青洲英泥"的股票，等到拥有25%的股票数额时，他出任了该公司的董事，而当股数达到40%时，他就当上了该公司的董事长。

在李嘉诚的手里，"青洲英泥"从一个破败的工厂变成了一棵摇钱树。他一方面要求政府重新在远郊划出地方，好让水泥厂搬迁。另一方面又向香港政府申请追补地价，将原水泥厂的地皮改建为住宅区。这个水泥厂本来就是政府的一块心病，而李嘉诚的建议则为政府解决了这个问题，所以他的建议立即得到了政府的支持。

就这样，李嘉诚不仅在招标会上赢得了成功，同时还为自己赚取了大量财富，可谓一箭双雕！

斗智斗勇，小蛇能吞象

经济实力薄弱的小企业想要打败大公司，可谓是困难重重。领导者必须在深思熟虑后，制定出切实可行、详细周密的计划，并具备一定的胆识和魄力，才能上演一场以小胜大的漂亮仗！

下 篇

不懂用人，你就自己干到死

在现代社会中，不论是企业的生存和发展，还是管理者的事业成功与否，说到底关键在于用人问题。尊重人才，善用人才，是使企业立于不败之地的一把金钥匙。约翰·亚当斯曾说："如果你能激发他人去更多地梦想，更多地学习，更多地付出并得到更多的成长，你就是领导。"

人才的选拔和培育，是企业永远的难题。优秀的老板都有一套独特的人才开发技巧，从而让公司人才辈出，创造出高额利润！

第十四章

以心换心,赢得忠诚
——要想用对人,先要懂他们的心

人才,是企业成长发展最大的资本。一个人选择了一个企业,是有多种动机的,只有当他们的需要被满足时,才会心甘情愿地继续为公司做贡献,否则,他们就会失望,甚至离开。领导在管人用人时,不仅要能够识出他的才能,更要能看到他们内心的想法。要知道,用心留人,才能长久。

1. 研究下属的心理需求

在一个公司内部,管理者和员工分别属于不同的群体,他们各自有着不同的需要。就员工来说,每一位员工的心理需求也会有所差异。管理者在考虑问题时,需要站在员工的立场上,不要想当然地下决定。

员工就是企业内部的企业家,这是西门子公司的人才观,其主要理念是:公司的人力资源开发,应该依靠员工的业绩和潜能;组织内的每一位员工都有发展的机会和空间;员工与经理之间要进行平等坦诚的交流;公司的发展要把员工的利益考虑进去,实现个人与团队的双赢等等。

为了落实这一观念,西门子公司给予员工充分作决策、施展才华的机会;同时还增加薪酬,帮助他们改善自己的生活,员工成为了"名利双收"的企业家。结果是,员工的工作热情被极大地激发了出来,公司也因此得到了丰厚的回报。

现代劳动心理学研究成果表明,员工的需要已经发生了以下变化:

(1)要求能够参与决策,有一定的地位。

(2)要求能让自己获得成长的工作,并能在工作中找到乐趣。

(3)要求薪酬能够突破现状。

(4)要求被尊重、被关心、被理解、被倾听。

针对这些变化,企业领导者要学会"按需激励"。例如,有的员工家庭经济困难,就可以利用奖金来激发他的工作热情;有的员工很重视职业理想的实现,就要用更有挑战性的工作来激励他;后进员工思想有了转变,希望得到大家的认可,领导也要看到他们在工作上的进步,并给予鼓励。

进行激励时,切不可犯经验主义的错误,万万不能"一刀切"。要在进行了具体深入的调查研究基础上,掌握下属不同的需求层次和需求结构,并依据不同要求制定出有针对性的方案,这样才能收到事半功倍的效果。

第十四章 以心换心，赢得忠诚
——要想用对人，先要懂他们的心

著名的管理专家米契尔·拉伯福说："人的能力是有差异的，要承认人的差异，对人的不同贡献给予不同回报，要让每一个员工都羡慕贡献者，模仿贡献者，不断地激发自己向优秀人才靠拢。"由此可见，在企业管理越来越复杂的情况下，只有对症下药，才能获得预期的回报。

2．感情投资，用"仁爱"留住人心

哈尔·罗森勃罗斯，是美国一家著名旅游公司的总裁。他曾说："最高水平的服务只有发自员工的内心，因此一个公司只有赢得了员工们的心，才能提供最佳服务。"古人有云："动人心者莫过于情，情动之后心动，心动之后理顺。"这些话都表明了"情感投资"在管理中的重要性。

历史上，刘备就是一位善于运用"情感投资"的领导者。

长阪之战中，刘备被曹操的大军追赶，形势十分危急。爱将赵云肩负着保护主上妻儿的重任。当兵力薄弱的刘备冲破曹军的重重围困时，他的家人却未能逃脱。最后赵云七进七出，冒死救回刘备的儿子阿斗。

没想到，当身负重伤的赵云把孩子交给刘备时，刘备却把阿斗扔到地上，并且心痛不已地说："若不是因为你，我的爱将怎么会在敌人的围困里浴血奋战！如果因为救你而损失了这员大将，我将会后悔至极！"赵云听到这样一番话，连忙抱起阿斗，感激涕零地表示："我赵云就算是粉身碎骨，也不能报答您的知遇之恩！"

"摔阿斗"这个动作和刘备的一番话，不仅赢得了赵云的誓死随主之心，同时还感化了当时在场的所有下属。不得不说，这种"以情驭人"的管理手段,是刘备日后成为一代枭雄的一个重要原因。

现代商业领域同样需要这种感情投资。比如,美国沃尔顿公司的"和善"经营理念,日本的吉田忠雄在管理中遵循的"善的循环"理论,美国西南航空公司营造的"爱心文化",以及通用公司一位人事部经理提到的:"在组织内部,人事部门要以父母之情去关心公司的每一位员工"的管理秘诀等等,都是利用感情投资来达到管理目的的有效方法。

出色的管理者,不仅会考虑企业发展战略、客户满意度、财务运作等问题,也会把关爱和体贴员工作为帮助企业发展的必修课。

情感投资更牢靠

据一项管理学的研究结果显示,在企业管理中,如果让每一位员工都能充分感受到领导的关心,就会大大加强组织内部的凝聚力,企业也会因此走上一个新台阶。一句问候、一个点头、一次微笑,都可以成为领导与部下融洽相处的润滑剂,在减少矛盾冲突的同时,还能提高员工的工作效率,最终实现双赢。

3. 主动为下属承担责任

当企业陷入困境时,有的领导会将所有责任都归到下属身上,希望通过对他们的斥责来挽救局面。然而,这个方法往往会适得其反。

李兴志开了一家小酒厂。平时他经常会到员工车间转转,有一次,一名员工滑倒时不小心碰倒了一只酒桶,酒洒了一地。虽然这名员工主动接受了惩罚,但是自此以后,李兴志还是经常在开会时提到这件事,责怪那个员工不小心，给工厂造成了损失。终于，在他说了很多次之后，这名员工忍无可忍了，他走进李兴志的办公室大声说道："我已经承认了错误，也接受了处罚，为什么你还是完没了地提到这件事？""接受了处罚就没有责任了吗？我看你是故意的，没安好心。"李兴志也不甘示弱。"随便你怎么想，我不干了！"很快，这位员工就辞职了。这件事在工厂里引起了不少的震动，许多工人都觉得厂长李兴志做得有些过份了，都对他表示出不满，觉得在他这样小气的领导手下工作没有出头之日。不久之后，许多员工都纷纷辞职，工厂一时间陷入了"用工荒"。

如果在员工滑倒时，老板先检讨自己的责任："对不起，都是我没有考虑周到，应该把地板做成防滑的才对，有没有摔伤？"这样那位员工的心理肯定会很感激，同时也能认识到自己的过失，在以后的工作里也会更加小心。而且这样做也不会引起其他员工的不满，还会得到大家的尊重，从而更加卖力地工作。

学会为员工"分忧"

当员工有了困难，工作上出现了难以解决的问题或出现差错时，老板要挺身而出，为员工分忧，做下属的好帮手。切忌居高临下，用傲慢的语气来伤害员工的自尊心。只有上下级平等真诚地相处，公司才能越做越大。

4．重用铁杆追随者

一般来说，招聘是企业与员工相互了解的第一站，也是员工进入企业的"过滤器"。因此,在招聘时就要考虑到员工的忠诚度问题。忠诚型的员工大多勤奋、可靠,充满责任心,是企业发展必不可少的主力军。

企业要想发展,必须有一批铁杆追随者,这些人是企业得以继续前进的保证。如果没有这样的人才做支撑,那么,任何远大宏图都只能是一纸空谈。

李老板在十年前靠朋友、同学帮忙,白手起家成立了一个工程队。创业初期,他与工友们同甘共苦,像家人一样互相关心和照顾。当没有客户时,大家就分头去做宣传,企业盈利了,老板会带着大家一起去庆祝。经过多年的共同打拼,公司终于得到迅猛发展,成为了一家资产雄厚的建筑公司。日子好过了,李老板就开始摆起老板的架子。他认为只要自己有钱,可以随时招聘。于是,对待工友的态度发生了180度大转弯。不仅在薪资报酬上没有提升,甚至连工友们生病需要请假时,都要克扣工资。

不久,那些陪他一起走过艰难岁月的工友纷纷离开,还有人在临走前悄悄放了一把火,致使他损失惨重,追悔莫及。

领导对某个下属的重用,在他的诸多用人抉择中,往往是具有战略意义的一招。那些对企业忠心耿耿的员工,是千金难买的财富。如果不好好任用,就会给企业的生存和发展造成损失。

难兄难弟不能忘

有的领导,在企业困难的时候得到了朋友、下属的帮助,心存感激。一旦企业做大,自己有了权力和财富,就忘恩负义,随意开除公司的那些有功之臣。结果是自己拆了自己的围墙,后悔至极。

5．把下属看作"圈里人"

小张是一家药品厂的销售员,在他的带领下,公司的20多名销售人员起早贪黑,顶住压力,终于在激烈的市场竞争中赢得了大量客户,也有了自己的销售渠道。公司的业绩增加了,小张因此被提到了销售经理的位置上。但是从此以后,小张就变了,每天都要去参加不同的应酬,出入还要车接车送。部门的事情他不再关心,偶尔到员工工作室看看,也是一副不可一世的样子。看到这个情况,有些老员工离开了,而新来的员工他又不认识,团队之间再也没了以前的真诚沟通,业绩也迅速下滑,最后他被免职了。

兴化总厂原是一家年产合成氨不足10万吨的小氮肥厂,由于资金短缺,规模较小,在激烈的市场竞争中只能苦苦支撑。厂子效益不好,工人的工资只有几百元,有时候甚至还不能按时发放。令人没想到的是,这么艰苦的环境,厂里的职工却没有人跳槽,他们坚信企业的困难是暂时的,仍然认真工作,相互关心和鼓励,期待着企业变身大公司的那一天。这是为什么呢?

原来平日里,兴化厂的管理者们对员工非常关心,不仅帮助解决员工们的工作、学习问题,就连平时职工生病住院、老人做寿或亡故、子女嫁娶或考学等事情,厂里的领导都会送上慰问或祝贺。领导的这些做法让职工充分感受到企业这个大家庭的温暖,大大提高了企业的凝聚力和向心力。于是,在企业有了困难的时候,工人们当然不会离开这个"家"。

把下属看作"圈里人",就是要把下属当作朋友,甚至家人来对待,让他们体会到组织对他们的关怀。在作出一些重大决定时,表示出对他们意见的重视。只有用平等的态度来对待下属,才能赢得他们的尊重与支持。

一个好汉三个帮

企业的发展绝不是靠一两个人就能完成的。只有留住优秀人才，才能让公司的前进如虎添翼。有人陪你"有难同当"，成功时也别忘了"有福同享"。只有真正把员工当成组织的一份子，才能营造温暖共赢的企业氛围。

6．困难时期更要慷慨

1933年，整个美洲大陆都被经济危机所笼罩，一时间，破产的企业不计其数，许多曾经威风一时的老板也都加入到靠领取救济金度日的行列中。那些尚在营业的公司也大多如履薄冰，生怕一个不小心而全盘崩溃。

就在这时，哈理逊纺织公司发生了一起火灾，整个厂区沦为一片废墟。3000多名员工托着沉重的脚步走回家，想着今后的生活要如何打算。

过了几天，每位员工都收到了老板发来的一封信，信里只是告诉工人们按时去领当月工资。大家感到很意外，因为按照当时的条件来说，这几乎是不可能的事。老板亚伦·傅斯告诉他们：虽然公司发生了火灾，但是，员工们如果没有工资就无法生活。所以，只要他能弄到一分钱，也要发给员工。

这件事很快就传开了，许多破产的老板嘲笑亚伦·傅斯是个大傻瓜，还有的人说他一定是疯了才会这么做。

不可思议的是，一个月后，正当员工们不知道下个月该怎么生活时，第二封信寄来了，老板继续支付所有员工一个月的工资！

接到信的那一刻，所有员工都感动哭了。在失业席卷全国，人人都为

第十四章 以心换心,赢得忠诚
——要想用对人,先要懂他们的心

吃不饱饭发愁时,竟然还有这样好心的老板,谁能不感动呢?

大家决定用自己的实际行动来回报公司。第二天,员工们就开始陆陆续续走回工作岗位,他们自发地清理厂房,擦洗机器,还有的人联系货源和客户。三个月之后,公司重新运转了起来。那些曾经嘲笑亚伦·傅斯的人,这时才明白他的良苦用心。

公司要发展,一定要依靠员工的认真工作,有的领导在遇到困难时,第一时间想到的就是裁掉大部分员工,以为这样就能为公司省下东山再起的资本。殊不知,这样做只会让自己的下属感到寒心,从而失去员工对自己的信任。老板们要牢记一点:困难时候对员工慷慨,比起盈利时的高工资更让人感动。

雪中送炭的学问

生意场上,商人不仅需要"精打细算",也需要"侠义之士"的"慷慨"。不仅仅对员工要以诚相待,在其他方面也不能太吝啬。如果想"空手套白狼",只求得到不想付出,很难把企业做大,甚至会让企业走向不归路。

第十五章

知人善任,"榨干"才能
——用人不在于减少人的短处,而在于发挥人的长处

一般来说,在日常工作中,对于自己能够做得好的工作,员工都喜欢继续进行。而那些令人遭受挫折或者掌握起来有困难的事情,员工的工作积极性却都不高。领导者在管理时,要善于发现员工所擅长的技能,然后把工作进行科学合理的分配,这样才能收到最佳效果。

1. 先有伯乐，后有千里马

俗话说，好木匠手里没有烂木头。在某种意义上说，在企业中，没有不能用的员工，只有不会用人的管理者。正所谓"智者不用其短，而用愚人之所长也。"然而有些管理者却总是认为"没有谁能像我自己做得那么好"，所以他们总是感叹没有好员工。

有些老板常常会向别人炫耀说："我们公司有多少位高级工程师，多少位硕士研究生，多少位博士，多少位博士后。"他们喜欢把高学历人才的数量当作夸耀的资本，好像只要这样，自己就会被别人当作善用人才的高手。很显然，他们犯了一个错误，那就是：招聘了多少人才，并不等于这些人才都为公司做出了最大的贡献。只有正确地认识员工，并合理地安排岗位，才能称得上是会用人的老板。

汤姆是刚从财经学校毕业的大学生，他不仅学习成绩优秀，拿到了很多项证书，而且仪表堂堂，很有气质。因此，在一家公司面试时，被老板一眼看中，顺利进入公司。考虑到他是高校毕业生，在学习上也拿过很多奖项，于是老板任命他为公关部的副经理。然而在与顾客打交道的过程中，由于缺乏良好的沟通技巧，汤姆不懂得怎样为客户解决问题，又经常骄傲自负，因此常常被顾客投诉。经过一段时间，公司的客户数量不仅没有增加，反而下降了。看到这种情况，老板很生气，他觉得汤姆根本没有能力，就把他辞退了。

其实，并不是汤姆没有才能，而是老板把他用错了地方。如果把他安排在财政预算部门，他一定会有一番作为。可是，老板却没有看到这一点，偏偏把他安排到并不擅长的公关部门，结果，不仅造成了客户的流失，也造成了人才的浪费。

第十五章 知人善任，"榨干"才能
——用人不在于减少人的短处，而在于发挥人的长处

人尽其才，量才而用

公司就好像小分队，也是由各色各样的人组成的，每位员工都有不同的看家本领，作为管理者，要做到人尽其才，量才而用。唯有如此，公司才可能会高人一筹。

2．选对人做对事

《史记·高祖本纪》中讲了这样一个故事，刘邦问韩信："如我这样的，能统领多少人？"韩信回答道："陛下不过能将十万。"刘邦又问曰："那你呢？"韩信说："多多益善。""多多益善，为什么被我所擒？"听了韩信的回答，刘邦不解地问道。韩信认真地说道："我只善于带领一般的军人，不能统帅将领，所以会被陛下所擒。"

可见，正确的位置对于才能的发挥十分重要，优秀的人才也要被放到合适的工作岗位上，才能做出更大的业绩。

公元 228 年，诸葛亮讨伐魏国。有一天，他听说司马懿要出关，就担心地说道："司马懿出关，必取街亭，断我咽喉之路！"这时，参军马谡应声而出："我愿领兵前去镇守！"马谡虽然熟读兵法，却空有一堆理论，不知在实际交战中变通。诸葛亮本不想把守街亭的重任交给他，见他如此坚决，只好答应。果不其然，街亭失守，这不仅让诸葛亮统一中原的大计落空，也让蜀军从此一蹶不振。不得已，他最后只得"挥泪斩马谡"。

在象棋中，每个棋子都有自己的走法，何时动车，何时用马，看你的智慧，要想赢得这盘棋，就要学会从全盘出发，综合考虑，让每个棋子都发挥出最大价值。如果一颗棋子没选对，就很可能满盘皆输。管理员工的

道理也是如此。

把人才放到最适合的岗位

在给员工安排工作时,首先要了解他的特点。龙生九子,各有不同。有的员工办事利落迅速;有的则谨慎小心;有的喜欢人际交往,和客户谈判得心应手;有的人却喜欢独自做研究,不擅长与人应酬。所以,管理者在用人时,一定要把合适的人放到合适的位置上。

3. 别让下属戴着镣铐跳舞

在用人过程中,不能管得过死。如果过于严厉和苛责,下属就会畏手畏脚,工作完成的效果也会打折扣。相反,如果适当地给员工一些发挥空间,反倒能取得更好的管理效果。

在驾校里学过开车的人都知道,刚开始学习时,就好像喝醉了酒一样,很难把握准确的方向,因此心里十分紧张。如果这时候,教练还在耳边一直提醒你要注意这个,注意那个,不停地指挥,责骂,那么你难免会心生厌烦,甚至产生逆反心理。

这样一来,尽管教练十分认真地完成了教学工作,但效果却不会理想,原因就在于学员在压力下难以轻松学习。实际上如果改变一下方式,让学员尽可能随便地驾驶,不要求他们刚开始就要做得非常完美,效果反倒会很理想。因为这样一来,学员们就不会再畏畏缩缩了,而能真正能够放下包袱,轻松上阵。

第十五章 知人善任,"榨干"才能
——用人不在于减少人的短处,而在于发挥人的长处

领导对下属也是一样。领导大多经过多年的历练,在业务方面自然已经十分熟练,但下属可能尚处于学习阶段,对工作不熟悉在所难免。所以领导千万不能要求下属做得跟自己一样完美。如果给他们的压力过大,不仅不能够提高工作效率,反而可能让员工的精神变得紧张,结果适得其反。

还有一些管理者,总是喜欢用过于严厉的制度来管理员工,结果往往使公司里怨声载道,工作效率不增反降。聪明的老板会知道,只有完善、合理的规章制度才会促进企业的发展,而不合理、太严厉的规章制度,不但起不到约束的作用,还会严重打击员工的积极性。

不要过分"打压"员工

"海阔凭鱼跃,天高任鸟飞",在企业管理时,领导也要有这种气魄,敢于放手。要知道,只有卸下员工的"镣铐",他们才能发挥出最好水平,否则只会越绑越死。

4. 明白初生牛犊的妙处

有许多企业在聘用员工时,都希望应聘者有一定的工作经验,在职场至少打拼了一段时间,而对于初入职场的新员工却不愿问津。其实,有很多初入职场年轻人也是很有能力的,他们不仅能够很好地完成任务,还不会像"老一辈"那样自以为是。

1982年,曾经名气很大的美国钢铁公司陷入了困境。其主要原因就在于,他们选用人才时,最看重的就是个人的资历。想在分厂做监督人,年龄要在55岁以上,而到60岁以上时才可能成为资深主管。即便是那些业

务水平很高的下属,若想担任小厂的厂长,也必须在某个岗位工作5年以上才行。很多年轻人想要在这里有一番作为,就必须苦苦等待。

陈旧的制度使公司完全跟不上市场的脚步,更给公司的发展造成了很大的障碍。年老的一辈,依仗自己资历深,自视甚高,专权独断,听不进正确的意见;而年轻的一代,由于晋升无门,也毫无工作热情,上班就是"混日子"。在这种情况下,改革也很难进行,出了事情就相互推卸责任。正是由于这一大堆问题,公司最终深陷困境。

面对即将破产的威胁,公司董事长大卫·罗德里克请来了经营奇才格雷厄姆,下决心对公司进行全面的改革。格雷厄姆在美国钢铁业界很有名气,曾多次帮助企业扭亏为盈。针对美国钢铁公司的弊病,他开出的药方是:在裁员的同时,提拔年轻有为者。就这样,那些倚老卖老,狂妄自大的主管们被"请"出公司;与此同时,有想法,能负责的年轻人被大量提拔上来。同时,公司还将部门进行了调整,从而改变了过去部门繁多、责任无法落实的局面。

最后,通过改革,员工的工作积极性被大大提高了,公司的业务也回到正轨,并取得了可喜的成绩。

不看资历看能力

格雷厄姆的改革之所以能够成功,原因就在于敢于大胆任用有能力的年轻人。在管理自己的公司时,也要把能力放在第一位,而不能只看资历。总之一句话,要明白初生牛犊的妙处。

第十五章 知人善任，"榨干"才能
——用人不在于减少人的短处，而在于发挥人的长处

5．让下属干劲冲天

张林是一家企业的总经理，他在管理时遇到这样一个问题：有些部门主管年纪很大了，却无论如何不愿意退休。

一开始，张林以为这些人是不想丢掉手中的权力，可是经过和他们沟通才知道，原来真正的原因是，他们还想为公司继续工作下去，不想被看做"没有用"的人。

于是，张林想到了一些解决办法，一方面，让年轻有为的员工来接替这些主管；另一方面，把一些后勤管理、业余活动的组织安排等工作交给这些老员工去做。不仅如此，他还多次在开会时，强调这些看似不起眼的工作的重要性，以表达他对这些老员工的重视。经过这样一番调整，不仅提高了员工的工作积极性，还增强了公司内部的人文关怀。

从这个故事中可以，每个人都希望通过自己的工作，来获得他人和社会的承认。主管应学会利用下属的这种心理，充分发掘他们的潜力和干劲，鼓励他们自觉地为公司效力。一般从以下几点做起：

（1）*为下属创造成功的机会*。

要帮助员工树立自信心，可以先把一些简单的工作交给他们。当他们顺利完成之后，要进行表扬和鼓励，这样员工就会感觉到自己也很重要，自己能办好很多事，对待工作也会更积极，更有热情。

（2）*适当奖励*。

当员工很好地完成一项工作时，要注意给予一定的奖励。这样员工就会知道，做好工作是有利可图的，是可以得到上司赏识的，在物质奖励的刺激下，他们必然会鼓足干劲，争取下一次的成功。

但要注意，奖励要适当。过分的奖励很可能会让员工养成居功自傲的坏毛病，这样就失去了奖励的目的。

（3）安排下属到他最适合的岗位上。

兴趣是最大的动力，只有在做自己擅长并且喜欢做的工作时，才能有最认真的态度，办事的效率才最高。因此按照员工的兴趣，把他们安排到合适的位置上，是激发员工工作热情的重要方法。

科学刺激，合理引导

要让下属干劲冲天，就要用科学的激励方式进行引导。要记住：员工自信不可少，适当奖励很重要；心思用在兴趣上，办事效率节节高！

6．给职位高的人更多的事

小张是一家公司的销售员，由于工作认真，业务精进，慢慢地被提拔为管理人员。可是让总经理没想到的是，小张的职位提高了，工作质量却下降了。

以前，小张总是提前十分钟到公司，从没有迟到过，下班时也总是晚走几分钟，帮助同事整理好当天的工作总结。上司交给他的任务，每一项都完成得很出色，是公司的员工标兵。可是成为销售主管之后，他不仅经常迟到早退，就连自己的工作也推给别人去做，整天就是这转转，那转转，上班期间还经常不请假就随意离开公司，带头违反制度。总经理几次找他谈话，他都抱着"我职位比别人高，就该少做事"的工作态度，这让总经理很生气。过了一段时间，由于产品销售量不增反降，人心涣散，小张就被公司辞退了。

第十五章　知人善任，"榨干"才能
——用人不在于减少人的短处，而在于发挥人的长处

在企业里，像小张这样职位升高但业绩却下降的案例很常见。企业做大了，组织管理就很复杂，一些主管因为自己职位高，就懈怠工作，只希望不做事多拿钱。对此，管理者必须明确权力的大小，严格管理。

（1）任务量随职位增加。

在提高员工的职位时，应适当增加他的工作量。要明白，职位的提升，意味着肩负了更多的责任，要让高职位的人做更多的事，才能更好地对其权力进行限制。如果地位和薪酬都得到了提升，而工作量还和以前一样，那么员工就会产生怠惰的情绪。

（2）给管理者适当的工作弹性。

许多员工都有这样的体会，上司有时候会说话不算数。为什么会出现这种情况呢？因为上司们面对的工作情况会随时发生变化，所以需要及时调整工作方式来加以应对。

为有能力者提供更大的发挥空间

对中层管理人员，领导不能管得太死，对他们的限制要有弹性，给他们足够的发挥空间。如果处处受限制，不仅不能做好管理的工作，还会打击他们的工作积极性。

7. 用人之长，避人之短

俗话说，金无足赤，人无完人。正确的用人之道，在于求其人之长，而不在于求其人为"完人"。懂得用他的长处，他就是"能人"；反之用他的"短处"，那么他就只能变"庸人"了。

世界上没有真正的全才，只有有特长的偏才。管理者在用人的时候，如果求全责备，过于挑剔，就很难找到合适的人才。关键在于善于抓主流，做到用人之长，忘人所短，从而发掘出真正所需的人才。

众所周知，创建于1903年的福特汽车公司是当今世界最大的汽车企业之一，其创始人亨利·福特也因此成为亿万富翁。然而不为众人所知的是，福特先生原本只是一名普通技工。他之所以能够成功，和他对人才的态度密不可分。他的用人之道是：善于根据人才的特点，让他们发挥更大的作用。

福特公司有名的T型汽车，它的研发制造到销售，都是由不同特点的人完成的：其广告设计是佩尔蒂的功劳；改革装配技术、工序，世界第一流汽车流水装配线的建立是聘用能人弗兰德斯和三位青年经理———索伦森、马丁和怒森的结果；推销工作交给了库兹恩斯。这些人都是各有优缺点的，其中大部分人都曾因自己的缺点突出而未被旧主重用，而福特却用其所长，视为臂膀，委以重任。到了1913年，几乎全美国每千人以上的小镇至少有一家福特车的代销点，以致1913年福特厂虽然以每3分钟一辆的速度出车，却仍然有十几万辆的订货单无法供货。

司马光在《资治通鉴》中说过："夫人之材，各有所宜，虽周孔之材不能偏为人之所为，况其下乎？固当就其所长而用之。"这句话说得可谓精湛，在今天也不过时。每个人都有这样或那样的短处，对于有缺点的员工，如果你对他们求全责备、弃而不用，那么，就等于失去一大批精明强干、勇于开拓的人才。因此作为领导，不能只把眼光都盯在人家的短处上，即使有缺点，何不"当就其所长而用之"？

一个人的长处意味着蕴藏着未被充分发掘的潜力。看人先看长处，看到他的优势，才能在用人中使其充分施展才能，开创局面。如果一事当先，先看短处，就会遏制他那原有的优势，使其得不到开发。对领导者来说，能够用人之长才是最大的本事。

第十五章　知人善任，"榨干"才能
——用人不在于减少人的短处，而在于发挥人的长处

取其所长，避其所短

任何管理者所用之人，无一不是有短处之人，又无一不是有长处之人。天下无不可用之人。所以，管理者在用人时，一定要先看其长，后看其短，先发现他的优势才能在用人中使其充分施展才能，开创局面。

第十六章

疑人不用,用人不疑
——信任是给下属最好的礼物

　　企业在用人方面各有绝招,但要想使人才充分发挥自己的聪明才智,信任是首要条件。有位大企业的老总在谈到用人时说:"信任是我用人的第一标准。"这句话很有见地。用人不疑,疑人不用。既然你选择了他,便不应怀疑,不应处处不放心。如果你怀疑他,便不要用他好了。

1. 信任比什么都重要

有管理者都不太关注信任问题，直到信任关系破裂，才会引起他们的重视，然而，那时损失可能已经造成，也会给公司带来消极的影响。作为一名公司的管理者，信任可以起到让你网罗人心，推进上下关系的作用。如果你的员工值得让你信任，并且得到了你充分的信任，那么你的公司一定前景无限。

因此，作为公司的管理者，一定要引以为戒，切记疑人不用，用人不疑，信任比什么都重要。那么，怎么才能做到信任一个人呢？

（1）选拔出值得你信任的人才。

要做到相信你的员工，前提是你必须充分地了解他。选拔时要独具慧眼，多加考察，选拔出值得你去相信的人才。之后要充分认识下属各方面的素质，综合评估他们的能力，然后给他们安排最适合的职位。选好人，选择可信赖的人，是管理者日后用人不疑的前提与保障。

（2）让你选出的人才放手去干。

选好那些你认为工作出色、值得信任的员工之后，就该让他们按照自己的计划放手去干，不要过多的干涉，否则会让人感觉到你不信任他们。有时候善意的询问也会适得其反，在特殊情况下，你不妨"难得糊涂"一次，因为当初你已经了解了他们的能力，就应该相信他们能够做到独当一面。

（3）信任不是没有制度。

我们所说的用人不疑，让下属放手去干，并不是没有章法的。为了防止下属借机为私谋利，就要设立监督机制与赏罚机制，使他们为自己的行动方案负责，从而督促他们谨慎行事。

第十六章 疑人不用，用人不疑
——信任是给下属最好的礼物

信任是管理员工的法宝

公司管理者在选人的时候，一定要深刻了解，综合分析，选出值得信任的人；当公司运营起来后，就要相信员工的能力，信任他们能够胜任。作为公司管理者，一定要切记：疑人不用，用人不疑，信任比什么都重要。

2. 把职业经理人变成自家人

一个私营企业要想成功，就要广泛招揽社会上有能力的职业经理人。但与此同时，这些外聘职业经理人的忠诚度问题，随之就会成为家族企业最大的问题。

如果外聘职业经理人的忠诚度出现了问题，对公司来说是一件极为糟糕的事。这些人在掌握了家族企业运营的方法和技巧以后，凭借自己的头脑、执行能力，很可能出去独干，自己当老板。而一般来说，这些从家族企业分离出去的人往往都会很成功。

这个情况往往是家族企业不愿意看到的。而要解决这个问题，最关键的是把职业经理人变成自家人，让外人成为家人。

对于央视热播大戏《乔家大院》，经济学家曾这样点评：乔家大院对我们中国商人应该是有震撼力的，乔氏家族为什么能积累那么大的财富？靠的是身股和银股的制度，保证了职业经理人的忠诚，把一批一批的职业经理变成了外姓的自家人。

在乔氏的企业里，分为三层人员关系：东家是董事长，掌柜的是总经理，伙计是打工的，乔氏的创新点在于给每个伙计一定的股份，这就是身股和银股。电视剧里乔氏有一个年轻的伙计跟乔致庸说了这么一句话:"乔东家,我一年挣的工钱是30两。经营得好,我一年能得300两。这不是在给您乔东家干,而是在给自己干。"从这句话中,可以看出这个伙计已经成为企业的一分子,身份上发生了重大的变化。

家族企业雇佣职业经理人,如果这个经理人像个外人一样被对待,就不会尽心尽力为企业卖力,而且早晚都要变心。让职业经理人在利益上也有家族成员的待遇,是企业领导必须要考虑的。在这方面,乔氏企业的身股和银股制度对中国家族企业是一个很好的借鉴。

刘备得到诸葛亮的辅佐,才赢得了三分天下;唐太宗开创贞观之治,离不开魏征、房玄龄等人的大力辅佐。古往今来,成就大业的人都对自己的人才宠爱有加,不是亲人胜似亲人。对于领导来说,管理好团队、经营好企业,也要从把职业经理人变成自家人开始。

让职业经理人不是亲人,胜似亲人

完全家族化的私营企业也避不开人才的社会化问题,让社会上有能力的人进入你的企业,才能把企业办好。这样一来,就要面临经理人的忠诚度问题,解决方法是把职业经理人变成自家人,让职业经理人不是亲人,胜似亲人。

3. 敢用疑人,会用疑人

"疑人不用,用人不疑"是古今用人策略中的至理名言,但也极易产生歧义,这一信条在今天正经受着严峻的挑战。因为这一用人观缺乏辩证

第十六章 疑人不用，用人不疑
——信任是给下属最好的礼物

态度，与实际、与当代相脱节。

对于员工来说，如果疑而不用，那么企业的大量人才就得不到发掘，企业发展就会失去动力；如果用而不疑，也迟早会给企业带来麻烦。因此，管理者用人的正确态度应该是：敢用疑人，会用疑人。

（1）**敢用疑人，用人要怀疑**。

敢用疑人，是为了发掘人才，用人要疑，是因为有疑才能不疑。作为企业管理者，首先要敢用疑人，当你对他不是很了解，在使用他的时候，一定要先对他提出疑问，认真考虑能不能用、怎样把用人的风险降到最低，本着对企业、对这个人负责的态度。

当然，我们所说的用人要怀疑主要是在用人前的考察阶段，之后则要靠必要的机制来约束和监督他们。这种机制是对所有员工而言的，无论是哪种人才，都不能为所欲为，必须在制度范围内行事，接受监督和考核。

（2）**会用疑人，用人要全面**。

对人才的使用，实践是最有说服力的。在用人之前可能有各个方面的疑虑，这也实属正常；作为企业管理者，不妨先给他提供一个舞台，让他去展示自我，这样就可以直观地看出他的能力，对他做出一个准确的判断，而被考验之人也不会有丝毫的怨言和不满。这样做，避免了用人上的偏见，保证了全面使用人才的效果。

对一个人有疑是正常的，公司中如果人人都行，也就用不着疑了，那么公司的人事部门也就没必要存在了，领导就可以高枕无忧了。对管理者来说，使用一个不够了解的人，要在在用中怀疑，用中考察，然后在用中培养。用人要多从长处考虑，只要所疑之短，不影响大局，就可以大胆使用。用人的时效性非常重要，错过了时机，就会追悔莫及。

掌握方法，疑人也要用

对于当今时代的领导者来讲，疑人不用，用人不疑，只是初级阶段的用人理念。敢用疑人，会用疑人，才是金科玉律，才能够保证企业的人才永不枯竭。

4．用人先要有容人之量

海纳百川，有容乃大。同样的道理，企业领导者要成就一番伟业，包容、大度的胸襟也是必不可少的，这样才能广泛招揽各种人才，为己所用，为公司谋利。

领导一个大企业和治理一个小企业是有差别的。前者更多地要求领导人要有广阔的胸怀，要容纳各种各样的人才，其中自然也包括有缺点的人才。一般情况下，企业能走多远和领导人的胸怀和视野直接挂钩。

老子在谈到领导人应具备大度的胸怀时，以江海来比喻，他说："江海所以能为百谷王，以其善下之，故能为百谷王。"意思是说，江海处于溪、河的下游，汇聚了千百条溪河的水流，所以成为烟波浩渺的浩荡大水。同样来说，领导者用人要大度，只有胸怀广阔、有包容精神，才能招揽人才。

现代企业的竞争实际上就是人才的较量，为了保持战略优势，领导者应该广泛收罗人才，这就需要以包容的精神容纳各种可以创造价值的员工。

为何韩国三星电子在2004年美国《财富》杂志举办的"世界最受尊敬企业"电子行业的排名中，能够跃居第四位，成为行业新巨头？

三星集团中国总部社长李相铉对公司的成功有过一段精彩的描述："吸纳天才是我们的首要任务，为此公司善用'个性'人才，敢用奇才、怪才。"

事实的确如此,三星电子目前拥有许多具备一流技术水平的"天才"员工和行业专家,他们来自世界各地,三星大厦的鼎立和他们的功劳密不可分。

三星电子对那些在特定领域兴趣浓厚、才能超众的人常常委以重任,重特长轻短处,对于他们的缺点甚至忽略不计。三星电子坚持在不同部门大胆任用多种类型的人才,甚至聘请有电脑黑客程序经验的人从事开发工作,并吸收没有接受过正规的大学教育的电脑组装高手为正式员工……"有容乃大",三星电子首先成为一家包容性非常强的公司,然后创造了新时代的商业神话。难怪杰克·韦尔奇参观完三星电子的人力开发院后感慨——三星已经走在了人才培养的前面。与其说这是一种优秀的人力资源管理策略,不如说这是一种具备包容精神的领导素养。

海纳百川,有容乃大

现代企业竞争日益激烈,企业能走多远与领导人的胸怀和视野直接挂钩。企业领导者要想使企业在行业中继续保持战略优势,就必须要有包容、大度的胸襟,这样才能吸引各路人才,帮助自己实现这一目标。

5.信任部下胜过子女

有很多公司的老板、经理都惟权是抓,连一点日常小事也要亲自过问才能放心。这是因为,一来他们对员工的能力和人品抱有怀疑的态度,二来他们深受几千年中国传统思想的影响,对权力的崇拜可谓根深蒂固。结果,这样做不仅让他们自己事事操劳,更是严重挫伤了员工的积极性,从而大大影响了公司的效益。

更有甚者，一些老板对员工猜疑心重，就任人惟亲，只对家里人放心，好像只有亲人之间才能团结一致，结果却常常不理想。而那些用人不惟亲的领导者则往往能够获得成功。

泰国金融界大亨陈弼臣，担任盘谷银行董事长 20 余年，他用人从不惟亲，而是任人不避亲。所以，在他任职期间，物色并使用了一大批有才干的经营人才和研究技术人才，还专门成立研究及计划部，为自己的经营决策提供帮助，而对自己的亲人却采取限制约束的政策。

俗话说："富不过三代"，陈弼臣是十分赞同的，他认为家庭式的企业不会代代成功，必然要走向衰落。原因是父辈创业后任人惟亲，再加上后辈不思进取，没有奋斗的过程，缺乏领导企业的才干，只图坐享其成。为此，他总是将权力交给有才干的外人，而不是自己的后代。在他离职的时候，选择将银行总经理的位子交给外人，而之前外界推测该职位一定非其子陈有汉莫属，他的这个做法，当时被人们认为是老糊涂了。他却对记者说："我支持林日光博士出任执行董事会主席，因为才干比什么都重要。我需要有才干、可信任的人来接我的接力棒。"

陈弼臣的精明之处就在于他把大权交给下属，送与外人，这在别人看来可能是犯糊涂，事实证明他这样做的结果，企业走向了成功，并且蒸蒸日上。而那些把权力控制在自己家人手里的人，才是最大的糊涂虫，他的企业迟早会走向衰落。

第十六章 疑人不用，用人不疑
——信任是给下属最好的礼物

信员工只能比信子女多，不能少

许多老板惟权是抓，对员工的能力和忠诚缺乏必要的信任，严重挫伤了员工的积极性，无法人尽其能。还有的老板，把权力控制在自家人手里的人，这样的企业迟早要走向衰落。作为领导，比信任子女更信任部下才是正确的做法。

6．以真心换真心

在我国的企业管理中，许多老式的管理政策强化了领导和员工之间的不信任感，信任往往不是最重要的，领导们信任的也只是那些唯命是从的员工。

这种不信任的政策有很多，比如要求员工上下班和班中外出时打卡，下班时搜身，"走马灯"似地更换职业领导人，提交医生诊断书来证明病假情况等。除此之外，还有一些新型的管理措施，比如用"电子侦探"监视员工、派"职业侦探"盯梢、招聘录用时填写求职担保书等，这都是在拿信任来说事儿，无一不是对信任的亵渎。这样的企业，其管理效益必定无法提高。

《第五代管理》作者萨维奇说过这样一句话："怀疑和不信任是公司真正的成本之源，它们不是生产成本，却会影响生产成本；它们不是科研成本，却会窒息科研的进步；它们不是营销成本，却会使市场开拓成本大大增加。"

作为一个企业，信任自己的所有员工，并且组织员工之间的信任是公司"和气生财"、的前提条件。在组织的发展过程中，要重点培育公司内部的氛围，让员工与员工之间、员工与领导之间、领导与领导之间成为一条心，而不是你猜我我猜你。

失去了信任，管理就成了无源之水、无本之木。员工的忠诚是用信任打造出来的，如果领导人不希望员工背叛公司，只有用"真心"去换来诚心，真心实意对员工信任。信任你的团队，信任你的员工，是领导成功的第一步。

用"真心"去换来诚心

信任员工，不仅能有效地激励员工，更重要的是能塑造员工。在人与人相互信任的工作氛围中，可以让大家的聪明才智能够得到最大程度的发挥，从而让每个人都能得到不断的成长，最终让公司受益。

第十七章

财散人聚,财聚人散
——用分享的智慧留住人

当老板的,散财给员工,一起分享盈利的喜悦,这样员工工作起来自然会更加努力,从而为公司创造更大的效益。财散人聚,财聚人散。

1. 将取先予，做领导小气不得

商人的最高境界就是做到利与义的统一，"将欲取之，必先予之"说的就是这个道理。华人首富李嘉诚说："如果10%的利润是合理的，11%的利润是可以的，那我只拿9%"，只有懂得给予才能真正地得到。将军胆小不得，领导小气不得。

如今年销售额达数十亿美元的日本吉田公司，创办之初只有区区几名员工，其成功的秘诀就在于坚持了公司总裁吉田忠雄的信条："只要在经营中坚持把利益给予别人，那么就会回归自己；若不施惠于别人，自己就不会成功。"吉田公司把利润分成三部分，一部分通过低廉价格销售优质产品优惠消费者；一部分交给销售产品的经营商和代理商；一部分改良企业自身，分享给自己的员工。这一先"取"后"予"的经营谋略的实施，不仅使消费者慕名而来，得利而去，更重要的是提高了公司员工的劳动积极性，进而使公司发展日渐壮大。

由此可见，企业在经营活动中必须摆正"取"与"予"的位置。先"取"还是先"予"，直接关系到企业的发展。

大公司一般都有很多福利，上至出差坐头等舱飞机，下至报销公交车费，很是让外人羡慕。但在许多公司里，管理者显得十分小气，连一丁点儿小事儿都会斤斤计较。员工在工作时偶尔轻松一下，处理点私事，他们都会严格控制。这无疑是在告诉员工，他们的存在和工作成就根本不足以确保公司对福利和安适作最微薄的投资，试问这样的公司怎么能让员工为之努力工作呢？

而且这样的管理者会让员工感到失望，还会想出各种办法予以应付。比如趁机找地方抽根烟，尽可能地请病假，找机会出差，等等。员工们如此应付工作，那么对于企业来说，恐怕离倒闭已为期不远了。

第十七章　财散人聚，财聚人散
——用分享的智慧留住人

如果管理者对员工的所有花费都"精打细算"，那么员工难免会抱怨薪水过低，福利太少，长此以往，会大大降低员工对公司的信任度。所以，要想让员工肯卖力干活，做领导的必须不能小气，不仅要让员工享有合理的工资，此外还要关注福利问题，这样才能得到员工的忠心。

小气做不得领导，给予才能获取

只要在经营中坚持把利益给予别人，才会收获更大的回报；若不施惠于别人，自己就不会成功。领导激励下属努力工作的技巧有很多，但总离不开满足他们的需求这一点。要充分满足员工的需要，先给他们好处，再获取工作效益，千万不可小气。

2．重金刺激出能人

企业家要想企业向更高层次发展，招揽人才，实行高薪制无疑是不二的选择。三九集团如今能够腾飞发展，靠的就是总经理赵新先实行高薪制，其实这也是他曾经的经验所得。

当年，正当三九集团蒸蒸日上需要人手时，几位得力干将却因工资待遇太低离开了，他们认为薪资水平没有同责任贡献直接挂钩，三九集团的发展也因此受到了阻力。

赵新先开始反思：三九集团是军队企业，既然姓"军"，就得有军队的风格，要讲奉献，讲先公后私，讲艰苦奋斗。但是三九集团作为企业，就得讲求利益动力，否则就会失去人才。

为此，赵新先到新加坡考察，发现新加坡国有企业员工工资差距很大，最高与最低相差 20 多倍，而且管理得很好，他感触颇深。

回到公司后，他果断开始实行新制度：打破原来的固定工资制，拉大工资差别，最高与最低相差 18 倍。三九集团新工资制度规定，工资与各独立核算单位的效益紧密挂钩，从税后利润中拿出 15% 作为分配基数，具体分配方案由各单位自定。新的分配方案正式试行后，公司面貌焕然一新，以冲刺的速度发展。

薪酬在很大程度上影响着一名员工的情绪、积极性和能力的发挥。因此，薪酬对员工极为重要，它不仅只是可以让员工谋生，重要的是它能满足员工的价值感。企业家要吸引、留住人才，就要做到让员工将"薪"比心，从薪金上获得满足感。

金钱刺激，必出人才

金钱不是对人才的惟一报酬，但却是企业肯定人才劳动价值的直接手段。给员工付出重金是经营者的责任，同时，用重金可以吸引、挽留住一些关键人才，让他们在利益的刺激下安心工作。

3. 和员工分享利益

商场如战场，现代企业竞争极为激烈，一个公司能够在战场般的环境中立足并发展壮大，老板绝对是历尽艰辛的头号功臣。所以，老板从公司获取的回报比其他人多一些，也是无可厚非。但是一个拥有睿智眼光，能够凝聚人心的老板，不会把利益独吞，而是会采取利益分享的策略来激励员工。

第十七章 财散人聚，财聚人散
——用分享的智慧留住人

社会发展到了今天，人才已经是企业发展依靠的坚实动力。优秀的企业老板拥有高瞻远瞩的眼光，他们要的不是昙花一现的效果，注重的是企业的长远发展。为了企业的可持续发展，放弃一时小利又如何？聪明的老板把员工看作是企业最重要的财富，愚蠢的老板把员工看作企业利润的抢夺者。前者会和员工分享利润，以此来调动员工更大的积极性，从而创造更多的财富；后者则会克扣员工的利益来为企业节省一时的资金，结果却往往得不到之后更多的利益。

许多著名的企业都制定了利益分享的措施，企业的利益由员工和企业共同分享。美国的汽车大王亨利·福特就在他的公司内部实施了利益分享的制度。1908年，福特汽车公司制造的T型汽车成为最受美国人欢迎的车型，也成为真正属于普通人的汽车。在1909到1914这五年时间里，福特汽车始终保持着旺盛的销售形势。亨利·福特并没有趁机涨价大赚一笔，而是信守着他"薄利多销总比少卖多赚好得多"的商业宗旨。

在向消费者让利的同时，亨利·福特也和他的员工们分享着企业的成功。福特公司开创了世界工业史上从来没有过的在工人报酬方面的最伟大的革命。亨利·福特主动提出将工人的工资增加一倍，而且凡年满22岁的工人都可以享受公司利润中的这一份，如果工人有眷属需要抚养，即使没有年满22岁也可以享受这一待遇。正是凭借这样的利益分享措施，使得福特汽车公司的员工得到了极大的激励，提高了工作效率，从而也推动了企业的长远发展。

把利益同员工分享，让员工共享企业的发展成果，充分体现了对员工劳动价值的承认。这是市场经济条件下企业利益可取的分配原则，也是现代企业管理之要义。企业的利益依靠员工实现，如果企业管理者只是将眼光停留在目前，看不到长远发展，也就不可能和员工分享利润，从而很难现实让员工持久地积极工作。

利益分享,才更有战斗力

管理者的短视思想只能让企业停留在一个狭小的发展空间里,难以带动员工提高积极性;只有认识到员工的价值,和员工分享利益并建立和谐关系,才能推动企业的可持续发展。

4. 小恩小惠有必要

《战国策》记载了这样的一个故事:某一天,为庆祝战事,中山国君宴请都城里的军士,规定每人一份羊羹。在座的有个叫司马子期的大夫,只有他没有分到羊羹。心胸狭窄的司马子期因此怨恨在心,为此,他一怒之下跑到楚国并劝说楚王攻打中山国。楚国来侵,中山君被迫逃走。在逃跑途中他现在,有两个人拿着戈一直跟在他后面,寸步不离地保护他。中山君停下脚步,气喘吁吁地问这两个人:"你们是干什么的?"两个人回答说:"我们的父亲有一次快要饿死了,你把一碗饭给他吃,救活了他,我父亲临终时嘱咐我们,中山君如果有难,一定要尽全力报效之,所以我们决心以死来保护你。"中山君感慨万千,低声道:"给予,不在于多少,而在于正当别人困难时;怨恨,不再于深浅,而在于恰恰损害了别人的心。我因为一杯羊羹而逃亡国外,也因一碗饭而得到两个愿意为自己效力的勇士"。

一个小小的疏忽,让自己流亡逃难;一个小小的恩惠,得到以死相报。由此可见,尊者"礼贤下士"是多么的重要,"得人心者,得天下,失人心者,失天下",说的就是这个道理。作为一个公司领导,要想笼络人心,就要在日常工作中尊重员工,真心实意对待员工。但是,由于领导时间宝贵,

第十七章 财散人聚,财聚人散
——用分享的智慧留住人

公务繁忙,即使想多和员工接触,机会也不多,所以员工自然无法知晓领导的爱心有多少。这时候,领导平时对员工的小恩小惠就会发挥作用了。

作为领导,有些费用该掏腰包时就要主动掏,比如员工生日时的蛋糕,生病时的鲜花,还有新年时的贺卡等等,这些费用你可千万不要吝啬,该花给员工的,你就得花出去,不要在这种事情上斤斤计较,否则员工会认为你过于小气。领导在钱的问题上作出一点牺牲是必要的,也是值得的。

给员工来点小恩小惠可谓小兵立大功,它可以让员工感受到领导的关照,认为自己加入了一个温暖而友爱的团队。这样一来,员工在这些小恩小惠的激发下会不断提升自我,从而更好地完成本职工作。

小恩惠,作用大

作为领导,在金钱上做一点牺牲是必要的,也是值得的。领导尊重员工,真心实意相待他们,员工才能更好发现自我价值,不断提升自我。

5. 让能人先富起来

在软件行业里面,微软的人员流动数目相比其他同行要少很多,而且人员流失现象主要都发生在软件开发以外的部门。这其中的主要原因就是因为比尔·盖茨对把持"微软技术核心"的软件开发人员宠爱有加。

首先,微软的软件开发人员比非软件开发人员享有更多的"特权":其一是前者工资高,分红也多;其二是因事务繁忙,需要占用办公室时,只有前者占用后者办公室的份儿,他们自己的办公室则是"神圣不可侵犯"。

此外，当员工持续增多致使公司不得不另外择地时，前者可以继续留在环境优美舒适、设施齐备的微软科技园区，而后者只能搬到新的办公地点。

第二，比尔·盖茨明白，公司销售的每项产品，在几年之内就会落伍，为了了解未来的方向，同时保持产品开发的竞争力，因此他将大量的经费投资在研究和开发上，每年投入的资金多达20亿美元以上，并在世界各地建立许多发展中心。这些发展中心也都是斥巨资建成的，拿在中国建立了微软研究院来说，就花费了800万美元。

除此之外，微软"视窗2000"的研究开发耗时3年，斥资10亿美元，动用员工6000名，其中包括200名软件实验者和1000名程序员，并与50家公司合作，70万个实验者使用这个软件，来验证该软件的可靠性。当"视窗2000"即将上市的消息一传出，微软股票飘升，使得微软总股值达到5600亿美元，稳坐第一把交椅，而盖茨在一日之内竟增加财富77亿美元，也就不足为奇了。

第三，让能人先富起来，这里的能人就是指软件开发人员。1989年有很多人加盟微软，在短短两年的时间里，有不下2200名软件开发人员变成了百万富翁，还有少数已成为亿万富翁。仅仅在过去的10年时间里，微软公司股票的价格就翻了将近100倍，这种财富的积累惊人，是迄今为止数额最大的。1998年元月，微软股票进行上市以来的第七次分割，经分割调整，在首次公开发行时投资该股的1万美元，届时已增值到240万美元。

软件开发人才把持了微软核心开发技术，比尔·盖茨对这些人宠爱有加，让他们先富起来，从而把他们牢牢地留在了微软。用金钱和待遇，保证了微软软件技术开发人员不会大幅流动，更不会另立门户和自己相抗衡。

第十七章　财散人聚，财聚人散
——用分享的智慧留住人

让能人富起来，抓住他们的心

让有突出贡献的能人先富起来，不搞一刀切，这是微软成功的秘诀，也是领导用人的基本法则。除了让能人富起来，还要提供这些人才成长发展所需要的环境和空间。这么一来，人才发展空间广了，空间发展前景也就亮了。

6．用福利留住人才

斯宾塞公司是英国销售服装和食品的大零售商之一，也是英国最注重员工福利的公司。有一个周末的晚上，可恶的恐怖分子在斯宾塞公司的橱窗里偷偷放置了几枚定时炸弹，万幸的是收拾残局以后还可以继续营业，相邻的几家商店也都没有逃过此劫，一起在爆炸中受到了破坏。

爆炸声势浩大，惊动了这家公司的所有员工。第二天是休息日，照惯例是商店营业的大好机会。该店的所有员工都来清理这一片狼藉，惊人的是，之前并没有任何人曾为此进行过号召，员工都是自愿不约而同地早早来到店里的。在其他相邻的商店开始清扫现场时，斯宾塞公司已经开始接待顾客正式营业了。是不是想问，为什么这家公司的员工能做到这样？等你了解了这家公司的管理方法，就不会再这样问了。

斯宾塞公司一贯重视和关心自己员工的福利待遇和福利的逐步提高。管理层特别注重以人为本，每个人事经理要对他所管理的员工的福利待遇、技能培训和个人的提高发展负责。这样一来，使每个员工都能受到关注，并且把福利的多少与公司效益紧密相连。这就是让下属的利益与公司紧密相关，一损俱损，一荣俱荣，没有比这更能刺激员工干劲的了。

除此之外，公司建立了高质量的员工餐厅，员工在工作的时候还享有休息、放松、喝茶的机会，保证了员工有充沛的精力投入工作，从而充分地调动了员工的工作积极性。公司每年还要拨巨资用于提高员工的奖金和福利。虽然这是一笔相当大的费用，但经营者认为这是值得的。

慷慨的付出会使下属看到领导的关怀和体贴，让员工大为感动，觉得自己拿的那一份高额收入，必须要对公司负责，把公司经营好。

公私利益要捆绑在一起

企业领导要想员工把企业当作自己的生命来对待，就要把公私利益捆绑在一起。让下属的利益与公司紧密相关，一损俱损，一荣俱荣，没有比这更能刺激员工的干劲了。

7．留住最佳业绩贡献者

作为企业管理者，要想提高公司成长的能力，保持公司的战斗力，就必须让那些最佳业绩贡献者从薪酬计划中得到极大的好处，必要时，甚至要提供连金钱都难以衡量的东西。

众所周知，伯尔克公司是一家全球闻名的商业研究和咨询公司。该公司的职业方向是帮助制造和服务业企业理解及准确预测市场行为，享有精湛的分析能力和前沿的研究方法。自1931年创立以来，伯尔克公司一直以这方面的实力享誉全球。

多年以来，该公司最宝贵的资产是高效咨询师群体。时值"工资攀升"现象不断，为留住宝贵资产，伯尔克公司是如何做到的呢？该公司的薪酬

第十七章 财散人聚，财聚人散
——用分享的智慧留住人

由三部分组成：基本工资、绩效工资和业务推荐佣金。如果让我们来具体研究它的薪酬内容，或许答案就出来了。

首先，高效咨询师的基本工资由年固定成本来决定，但是其级别划分相对较少，每年根据价格指数可能进行调整。

其次，薪酬构成的浮动部分是绩效工资，它与员工个人的年度财务贡献直接挂钩，随着不断增加的个人财务贡献，当事人会收到与之相对称的绩效工资。绩效工资计划对业务推荐和销售支持活动的结果提供额外的奖励。

最后，业务推荐是指业务开发领导为公司的其他部门提供的客户开发机会或项目建议。销售支持指一位高级咨询师开展的有助于另一位咨询师完成任务的任何工作。

正是这种薪酬体系，使得高级咨询师留下来，让这种精湛的分析能力和前沿的研究方法得以延续，他们成为伯尔克公司"协作和改进公司成长能力"理念的推动者，确立了公司走在市场前沿的步伐。

最佳业绩贡献者，一定要留住

公司的成长有可能停滞，但是市场却在不断膨胀。任何公司都希望永远保持自己的市场领导地位，最佳业绩贡献者往往就是这项战略的关键。公司要在特权待遇上想方设法地留住最佳业绩贡献者，否则他很有可能离开并进入同行其他公司，形成对自己的竞争。

第十八章

提拔人才,踢走庸才
——善用比自己强的人,你才能成为巨人

作为领导,雇用比自己更强的人,你的公司才能成为巨人公司;若所雇用的人都比你差,那么他们就只能做出比你更差的事情。所以,领导应该想尽方法留住最能干和最富有创新精神的人,同时把那些毫无用处的庸才剔除出去。

1. 大胆提拔人才

　　大胆提拔人才，可以避免能人的流失，激发公司的活力，有利于公司的发展。可是，在许多管理者头脑中按资排辈的思想根深蒂固，他们大多不愿意提拔新来的人才。所以，虽然他们招聘了一批又一批的员工，可过了一段时间之后，还是会面临存留人数不足的问题。之后他们还会继续招聘，可最终的结果是，这种周而复始的流动造成了公司在人力物力上的巨大损失。

　　其实，大胆提拔能人，留住人才，是公司发展繁荣的前提。亨利·福特就十分重视培养和提拔年轻的工程师，他是一个有着高明用人"手腕"的管理者。当公司生产的 T 型车即将完工之前，福特的两名得力助手突然被底特律新建厂的韦恩公司抢走了。这个情况对于一般的管理者来说，绝对是一个很重的打击，但是福特却并没有被打倒。最终，他凭借着自己的"手腕"，迅速在新秀工程师们强有力阵容的支持下，顺利生产出 T 型车。那么，他是如何做到的呢？

　　这个奇迹的创造，看了福特和当时 37 岁的年轻建筑师阿尔巴顿·康的对话就知道了。"设计成长 865 英尺，宽 75 英尺，四方形的 4 层楼建筑，以钢筋混凝土为材料，可以吗？"康征求福特的意见。"好的！"这般毫不犹豫的回答，可以看出福特对阿尔巴顿·康是多么的信任。

　　"玻璃占建筑物外观总面积的 75%。"康继续说。75% 是什么概念，几乎所有的墙面都由玻璃围成，这简直是一个不可思议的设想，而福特却对此赞叹不已。福特满心欢喜道："机械厂房设在另外一边，是一栋玻璃屋顶的一楼建筑，此外，总厂和这栋玻璃屋顶的机械房在天井中并有钢梁相通，上有吊车，如此，制造完成的引擎或变速器就可以利用天井中的吊车搬到总厂了。"接着，福特又表示："总厂四楼全楼面的天井也要加装吊车。

第十八章　提拔人才，踢走庸才
——善用比自己强的人，你才能成为巨人

法兰德斯先生所说的重力倾斜方式的生产流水作业台是一定要建造的。"

福特不拘一格，大胆支持阿尔巴顿·康的想法，就这样，93分钟造车奇迹诞生了，之前被挖墙脚的遭遇对自己丝毫没有影响。

被领导者提拔上来的员工，一定会忠心耿耿，至少会心存感激。当企业遭遇不幸时，他们会主动站出来，协助领导，一起度过难关。当领导的工作已经筹备完好的时候，他们会认真执行，让工作顺利完成。

不拘一格，大胆提拔能人

大胆提拔人才，可以避免能人的流失，激发公司的活力。被领导者提拔上来的员工，一定会忠心耿耿，至少会心存感激。所以对于人才，要求不拘一格，大胆提拔，这样才能让公司以朝气蓬勃的姿态，蒸蒸日上。

2．提拔有瑕疵的优秀人才

"金无足赤，人无完人"，管理者在用人时，要接受这个现实。同时，正确的做法是采取善意的态度和宽容的眼光，怀有"无疵不真"的心态全面地了解一个人，看清他短处的同时，着重分析他的长处。

只有敢于提拔有瑕疵的人才，才能真正得到人才。所以，领导者应该保护那些略有不足的优秀人才，不要去揭他的短，而是要容忍他的短处，有时候甚至要做到忽略短处。之所以这么做，不是因为喜欢他而偏袒他，当然是另有目的。

这种"纵容"可以给领导者带来两方面的好处：其一，是为了工作既

定目标的需要,发挥和利用下属的长处;其二,能够赢人心,进一步密切上下级的关系,提高自己在员工中的威望,给员工留下一个宅心仁厚领导者的印象。由此可见,"纵容"不是无故"纵容",它是有原则的。

作为一个精明的领导者,在权衡利弊,决定取舍时,要本着"得"大于"失"的行为准则行事,充分利用手中执掌的选择权,灵活掌握容短护短的"度",才能大胆地"袒护"手下。那么,当碰到了这种情况,又该如何做具体的处理呢?

(1)如果员工犯下的错误不是那么严重,只要他认识到了自己的过错,何不从宽处理,原谅他一次呢?

(2)如果员工犯下的错误没有必要那么早处理,不妨先放一放,待事后再做处理,或者给下属一个将功补过的机会,或许他自己就已经主动改过了。

(3)如果员工犯下的错误不是发生在严抓时刻,这种过失,其实也不妨大事化小、小事化了。如果抓着不放,就会增加处理后产生的影响面,带来不良后果,这样做是没有必要的。

要想你的"纵容"获得理想的效果,就需要巧妙运用各种有效的方法,恰到好处地将你的用意传递给下属,要让他明白你为什么要"偏袒"他,又不给他难堪,保护好下属的自尊心,以此激发起他的工作积极性和创造性,最终达到发现人才、留住人才的的目的。

在掌握护短的原则下,提拔有瑕疵的优秀者

没有哪个领导者是完美的,更何况你的员工呢?不要用"完美"的眼光看人,更不要死死抓住别人的丁点毛病不放。而是要敢于提拔有瑕疵的人才,采用宽容的态度和做法去对待,发现、利用他的长处,只有这样才能真正挖掘人才。

3．首先看人品，其次看能力

很多老板在网罗了大量的人才后，就会觉得人才到了自己手中，自己只需要将事情交代下去，就可以高枕无忧了。事实上，很多公司表面上看人才济济，可实际上却都面临着发展后劲不足的问题，甚至有一些公司因此而破产倒闭。有很多老板想不通其中的门道，觉得自己手下人才充足，却无法得到发展，为此很苦恼。其实，关键在于老板只关注人才的能力，却忽视了人才的人品。老板用人应该首重人品，再看能力。

就人才而言，人品和能力两者兼得才可以成为人才，且人品当居首位。人品指的是人的品格，而用在公司的人才身上，通常指员工对待事业的态度、对待公司的忠诚、思想修养、道德情操、处世作风、品行人格、气质度量等。一个人的人品，尤其是度量、思想，决定了一个人的发展高度，所以老板选人才时，应该首重人品。

一个人只要人品好，就可以通过自己后天的勤奋努力将能力锻炼出来，只要有机会总会将能力发挥出来，成为对公司有用的人才；反之，一个人的能力再好，但做事小肚鸡肠，对人口蜜腹剑，这样的人哪怕能力再出众，也只会成为公司的害群之马。

老板在招人时应该有这样一个认识，将人品放在第一标准，如果招的人人品不够，那能力越大，对公司带来的损失就越大。

市场上曾经有一本畅销书叫做《人品胜于能力》。这本书并没有否定能力，而是指出一个人的人品决定了人的发展方向，而能力决定人的发展速度，如果一个人的行驶方向错误了，那他行驶得再快也是毫无意义的。比如，一个老板对某个能力出众的员工委以重任，将公司的许多重大事项交给他做，但是这名员工的人品不行，在其他竞争对手的诱惑下跳槽了，那将会给公司客户、机密、信息等方面造成巨大损失，这些损失并不是能够用金钱衡量的。

一位企业家说过:"用错人和没有人用,哪一种情形更可怕?没有人可用,会造成人员的欠缺,影响工作的进行,相当可怕;用错了人,把工作的过程弄错,结果一团糟,甚至留下一大堆后遗症,更加可怕。"这段话非常准确地说明了老板应该更加看重的是一个员工的人品,而非是一个员工的能力。

首重人品,再重能力

在用人上,注重道德的作用,将道德视做基础,这是任何时候都不能够忽略的一个基本原则。只有将既有道德,又有能力的人用在岗位上,才能促进公司不断的健康发展,使公司达到崭新的高度。

4．掌握选人的绝招

一个优秀的公司,必有一个精英的团队。这充分说明了,员工在很大程度上决定着企业的发展,公司有什么样的员工,就会有什么样的前景。所以作为管理者,一定要选对人,选好人,熟练掌握选人的绝招。关于选人,我们不妨先从历史中汲取一些经验。

三顾茅庐的故事,妇孺皆知。里面讲到刘备久闻诸葛亮大名,很欣赏他的才干,便带着两个兄弟三顾茅庐,希望得到他的辅佐。经过一些磨难,刘备终于见到了诸葛亮,便和他谈论天下时势。刘备说:"如今天下大乱,汉室将衰,奸臣专权,主上蒙尘。我自不量力,欲为天下伸张正义,却因智术短浅,屡屡失败。然此心此志,犹未改变。望你能为我出谋划策。"

第十八章 提拔人才,踢走庸才
——善用比自己强的人,你才能成为巨人

诸葛亮对刘备也是仔细观察,谈论一番后,认为他是个理想的人君。于是便把隆中十年所观察的天下形势作了一番精辟的分析:"当今天下,豪杰割据争雄,不过形势已渐渐明朗。曹操拥兵百万,携天子以令诸侯,不可与之争锋;孙权占据江东,历经三代,深得民心,可作盟友;荆益三州地势显要,然据有者皆无能之辈,将军若能得这以为基地,内修政治,外结孙权,一旦局势有变,即可令将士北伐洛阳,则霸业可成,汉室可兴。"这就是"隆中对",诸葛亮的一席话,让刘备茅塞顿开,由此更是坚信此人智慧超群,如果能把他归在自己旗下,将来定能功成名就,于是便诚恳地请求他出山相助。

刘备通过诸葛亮分享自己对情势的掌握和对天下大势的分析,清晰地看到此人才高八斗、智慧超群,所以决定一定要将他拉过来帮助自己完成大业。

总之,掌握选人的绝招,就要做到以下几个要领:

(1)提问关键问题,并善于寻根究底。

刘备要了解诸葛亮的才能如何,就国内政事问题向其请教,从诸葛亮各种精辟的见解中看出了他的超人才能。因此,要想了解一个人,就要向他提出关键性的问题,看他是否善辩;必要时寻根究底,看其反应如何。

(2)用眼睛时刻观察他的反应。

给他一道大题目,要他回答怎样去应付,然后谈对这个题目的见解,以此观察他的反应是否机灵。找机会请他去喝酒,看看他是否酒后失态。看清他的真面目后,你才可以放心地选用人才。

(3)选择人才要考虑大众的意见。

可以采用民意选举法、竞争考试法、竞赛择优法、鼓励举荐法等方法选拔人才,考虑大众的意见。

选拔人才，掌握绝招很重要

企业在选拔人才的时候，能否选择对的人，对企业能否向更高层次发展有着重要的作用。企业管理者，一定要把好选人关，掌握必要的选人诀窍，做出正确的选择。

5．帮助下属获得成功

老子说："生而弗有之，为而弗恃之，长而弗宰之，此之谓玄德"。意思是说，创造他但不占有他，提高他但不认为是自己的功劳，培训他但不去主宰他。这句话在今天，对于企业管理者来说也很有战略意义，这是企业管理人品德的最高体现，是必须拥有的领导意识。

汉武帝登上王位后，在选人、用人方面有章可循，丝毫不见差错。汉武帝一直都在选拔和培养人才，像董仲舒、东方朔都是他慧眼发现的，特别是卫青，可以说是汉武帝精心培育起来的。卫青原本只是平阳公主家的一个骑奴，不过他善剑术而通兵法，所以汉武帝很欣赏他，没有因为他出身卑微而弃之不用，而把他安置在在羽林接受严格而系统的军事培训，之后更是授以重任，拜其为大将军。

在地位稳固之后，汉武帝也没有放松对人才的开发，把卫青的外甥霍去病作为重点培养对象，派霍去病攻打匈奴，汉军最后胜利返回。

汉武帝精心培养卫青等人的作战意识和战术手段，在具体问题上，让大家发挥自己的聪明才智。可谓真正做到了"创造他但不占有他，提高他但不认为是自己功劳，培训他但不去主宰他"。一方面，汉武帝的帮助使卫青、霍去病等人成为一代名将，另一方面是在为自己开创大汉的雄风伟

第十八章 提拔人才,踢走庸才
——善用比自己强的人,你才能成为巨人

业打基础。

然而,在现实生活中,领导与员工发生争执的事情屡见不鲜。其原因往往是一些领导仗着自己的地位和权利,坚决认为自己是对的,必须让下属服从自己。要知道,一个聪明而优秀的公司管理者应该是帮助自己的下属获得成功,领导服务于他们,因为这样也是在帮助自己获得成功。

帮助下属,而不是阻碍下属

管理者的本质贡献在于帮助下属成功。换而言之,管理者的绩效取决于他的下属的绩效总和。管理者对组织的作用,在于帮助组织成员更好地取得成功。领导人最有效的管理方式是根据员工的才能、潜力委派任务,再适时加以指导和引导,帮助对方获得成功。

6. 解雇庸才,不留余地

这里说的庸才,是特指那些实在难以管教的,尤其是背叛公司和领导的下属。作为管理者,必须当机立断,该解雇就解雇,不要留情。

曾经有一个背叛者准备离开其所在的公司,可是他厚颜无耻地打算带走所有他经手的东西,包括客户资料和机密文件等。当公司得知此事后,也采取了机智的应对方式:安排他出一天差,趁他不在的时候,彻底清理了他的办公室,还把所有的锁都更换掉。他一回来,就知道自己被解雇了。其实这不是公司的阴谋诡计,对于这样的庸才,只能以毒攻毒。

对于一个公司管理者来说,解雇一个背叛公司的人,那只是分内之事。

但是一旦碰到了这类情况,也往往难下决心,认为解雇员工是件很棘手的事,担心给公司带来一系列不必要的麻烦。解雇不称职的员工,也有策略可言。

(1)选择合适的时机。

什么是合适的时机,就是如果你想解雇一个人,就要选择在对公司最有利的时间炒他。比如你想把一个人换掉,可是现在他手头上还有尚未完成的任务,并拥有一定数量的客户。在没有找到代替他的人之前,你需要暂时按兵不动,最大限度地减少解雇他所给公司带来的损失,等到时机成熟之时再解雇他也不迟。

(2)让他辞职,体面地离开公司。

对于由于各种原因不好直接辞退的员工,最好的办法是让他自己提出辞职要求,这样比炒他鱿鱼要体面得多,并且在他离职的时候给他发放一定数额的离职费,或者帮他在其他公司找一个合适的工作。对于这个举措,不求他能够铭记于心,起码不会到处说三道四,败坏公司的名声。

对于庸才,解雇要当机立断

处理在忠诚上有问题的员工要当机立断地解雇;面对平庸碌碌之辈,老板不下狠心不行,只有这样才能给能人腾出地方。

第十九章

看人下菜，量才而用
——用错人，万劫不复；用对人，万象更新

石头就是石头，金子就是金子。作为领导要尽快掌握员工的特点，做到合理安排，使之能力得到充分发挥，做到人尽其才，物尽其用。那样，石头也好，金子也罢，统统都会成为真正的有用之才。

1. 敢用性格有缺陷的人

"人无完人"从某种意义上告诉我们，没有谁比谁更优秀，只有谁比谁更合适。在用人上，是没有固定标准的。作为一个精明的领导，只要是能够给企业带来利益的人都要敢用，性格上有点缺陷又何妨？

世界上只有混乱的管理，绝没有无用的人才。即使有些人被看做"劣等"，但只要你擅于培育他，经过调教，他也是可以重新战斗的。对于以下几类人，既要敢用，又要会用。

（1）爱猜忌，生性多疑的人。

猜忌多疑的人，心里总感觉自己随时都会被算计。对待这类员工千万不要急于表达自己，要提供可靠的信息和有力的证据让他信服，在无形之中提高自己的威望，以此消除他对你的戒心。

（2）易发怒，脾气烦躁的人。

容易发怒的人，大多数情况下总是强迫别人屈服、接受自己，但由于时常达不到目的，所以常常会进一步增添了怒气。即使你是领导，他也不会畏惧你。对付这类人的秘诀就是不要害怕，也不要过多批评，要用你的人格魅力征服他。

（3）擅长奉承的人。

马屁精擅长讲甜言蜜语，听起来很顺耳，实际上是过分的赞扬。如果让马屁精担当大任，日后他必然滋生出更多小人来，最后公司的效益可想而知。所以，领导一定要加强自身修养，杜绝奉承、拍马屁的现象，拒绝过分的赞扬。

（4）争强好胜，钻牛角尖的人。

争强好胜似乎不是什么坏事，可有些人过分争强，不达目的不罢休。对待他们，一方面要从正面引导，发挥其积极的一面，促进公司人力资源

第十九章 看人下菜，量才而用
——用错人，万劫不复；用对人，万象更新

的有效利用。另一方面要找准机会，指出其消极影响，帮助其克服自身缺陷。

不要幻想完美的员工

世界上没有完美的全才，只有适合某项工作的偏才。管理者绝不可轻易将人认定是"朽木不可雕也"，而应该秉承"或许也有良材"的原则对有缺陷的员工进行调教，这样才可以让"朽木"变成"良材"。所以说，在用人过程中，只要是可以给企业带来利益的人都要敢用，不排除性格上有缺陷的人。

2．透过细节识别人才

孔子说："视其所以，观其所由，察其所安。人焉瘦哉？人焉瘦哉？"意思是说，观看他的作为，考察他的经历，了解他追求的目标，这个人就没有可以隐瞒的东西了。透过细节，就可以认清这个人的才干和品德了。

通过细腻的沟通识别人才，透过细节观察人才，中国传统的用人智慧就是先对人才进行科学地识别。中国古代伯乐相马的例子不在少数，大凡有成就的人，无不善识人才。只有从细微之处入手，了解对方的作为、考察对方的经历和追求的目标，才能有效识别人才。

阿基勃特是美国标准石油公司的一名小员工，当时的他有个外号叫做"每桶油4美元"。人们之所以这样称呼他，是因为每次在往书信或收据上签名的时候，他都会在自己的名字下面工工整整地写上"每桶油4美元"的字样。

这件事公司几乎所有的员工都知道，最后传到了董事长洛克菲勒那里。

洛克菲勒说："竟然还有这样努力宣扬公司声誉的员工？我一定要见见他。"不久后，洛克菲勒盛情邀请阿基勃特与自己共进晚餐，从此对他也有了更深刻的了解。多年以后，洛克菲勒卸任，阿基勃特成为标准石油公司的第二任董事长。

洛克菲勒正是采用了"视其所以"的考察方法，从细微处发现了阿基勃特可贵的品格；而阿基勃特则是从细微小事做起，以自己的身体力行赢得了洛克菲勒的青睐。细微之处见经历，一言一行足以表明一个人的品行，也足以考察出他接受过的教育如何，以及他所追求的目标在哪里。

透过细节识别人才是管理者选人、用人的绝佳方法。比如在面试的过程中，可以通过沟通、观察一个人的细微之处，识别他是否是人才。当然，识别和考察人才不能局限于面试的那一刻，应该贯穿在整个日常工作中，在使用人才的过程中继续考察，这样才能确保用人无误。

细微之处，识别人才

公司领导，要善于与员工进行无所不至的沟通，观察他的一言一行，透过细节识别人才，这样，公司运转起来才能如鱼得水。

3．人尽其才，各得其所

人才是企业的活力和生命，企业要重用和发挥人才的作用，就得做到"人尽其才，各得其所"。

"人尽其才"注重个人利益，是指在个人的能力基础之上，给人以相等的机会，进行公平竞争，达到打破均衡的目的。"各得其所"注重集体

第十九章　看人下菜，量才而用
——用错人，万劫不复；用对人，万象更新

利益，指在尊重员工的个性和特点的基础上，待人才充分就业之后，最终给予他们所得。强调"人尽其才"，可以建立起公平竞争的企业环境，让利益均等向机会均等转变。强调"各得其所"，既可以为多数人建立起一个公平竞争又适得其所的社会环境，又可以起到对少数人重点支持的作用。

企业管理者不仅要会识人，还要会用人，在工作中要始终贯穿"人尽其才，各得其所"的思想。具体说来，还有几点用人细节需要注意。

（1）勤于思考的员工，可以委以重任。

作为管理者，可以适当把一些重任交给这类人，勤于思考的员工有自己的想法，而且思维缜密，工作中一般不会出现差错。不过，这类人不敢冒险，闯劲不足，不要大胆地把一些具有开拓性的工作交给他们。

（2）有雄心抱负的人可以帮你大忙。

有远大抱负的员工，在工作中一定会特别认真负责，并富有创造性，不妨把大任务交给这类人。

（3）把枯燥的任务交给那些少言多行的人。

这些人虽然平时看着少言寡语，但只要工作一上手就会特别的踏实认真，并且他们只要发出声音就很有价值，建议作为参考。

（4）不要轻易使用经常拘泥小节的员工。

我们常说"大礼不辞小让，大行不顾细谨"，成大事者，不拘小节。如果一个人总是在一些小节上争争吵吵，当仁不让，谁还敢把重担交给他？

（5）绝不可以重用没有度量的员工。

俗话说："宰相肚里能撑船。"气量狭小的人，也做不出什么大事来，不会给公司带来太大的效益，因此不能对这类人委以重任。

只要细节做到了，就可以把个人利益和集体主义结合起来，发挥个人竞争和集团竞争两个优势。

发挥个人利益和集体主义两个优势

　　一个有本事的管理者不仅要会识人,还要会用人,两俱到家,才谓智士。管理者要先具备一定的识人技巧,然后重点把握"人尽其才,各得其所"的原则。把个人利益和集体主义结合起来,发挥两个优势。

4. 设置恰当的职位

　　前面我们一直强调识人、用人很重要。那么在用人时,对于管理者来说,怎样才能做到把适当的人放在适当的职位上呢?前提就是要设计适当的职位。

　　人不是上帝,才能也是有限的,不要设计那种常人不能胜任的职位,否则任何人在这个职位上都会失败,因为它本身就是不恰当的。然而,在公司管理中,这种"不能胜任的职位"却是常常能见到的。

　　例如,在跨国公司中,一般都设有国际业务副总裁这一职位。起初,这个职位还能找到理想的人选来担任。但是等时间一长,国外分公司的产销业务成长到一定程度,国际业务副总裁的职务就显得有点"坑人"了。解决这一问题一般有两种办法,一是按照产品分类来调整组织,其次是按照市场的社会背景和经济背景来组织。目前许多跨国公司都是这样来组织的:把国际部副总裁一职设为三位,一位负责发达国家,一位负责发展中国家,一位负责其他开发地区的业务。

　　起初,虽然职位在那摆着看起来很合理,也有理想人选担当,但实际上这个职位的人不断的更换,而且始终找不到合适的人选。所以,管理者

第十九章　看人下菜，量才而用
——用错人，万劫不复；用对人，万象更新

务必妥善设计各项职位，以免造成人才和资源上的浪费。

设计恰当的职位，选择合适的人才

设计恰当的职位很重要，一旦发现某一职位设计不当，应立即予以改正，否则，必定会造成人才的浪费，同时也会给企业带来资源的损耗。

5．多用几只眼看人

身为领导，只有掌握一定判断和鉴别人才的能力，才能真正透彻地了解一个人，做到知人善任。因为，"识人"是"用人"的前提，为了给对方安排合适的岗位，发挥其特有的能力，必须先了解他的个性、专长。全面、客观地品评人才，不妨从以下几个方面入手。

（1）取人切记不要采取一己之见。

判断一个下属是优是劣，不仅需要通过长期的工作实践来检验，还要考虑大众的眼光。上司的一己之见常常带有片面性，不能说明全部问题，因为一个人对他的了解是不够全面的。而群众的眼光是雪亮的，想了解一个人，就要发动团队的力量。

（2）不要把个人喜好施加在他身上。

你可能就是喜欢经常说听话，甚至拍马屁的人，可他偏偏刚正不阿；你可能更喜欢外向的人，他偏偏有点内向；你喜欢和自己有共同话题的人，可他除了工作没几个爱好；你喜欢说话直接，他却小心谨慎。作为管理者，如果你任人唯亲，仅凭个人好恶得失看人用人，使那些德才平庸甚至有严重问题的人受到青睐，而使另外一部分真正有才能的人受到冷落，就会造成人才的滥用和流失。

（3）不能因为一句话或一件事就给人定位。

一个人某一句话说得好，或某一件事办得漂亮，是值得称赞的，但不能认为他总是出色的。某人说错了一句话，或者一件事没有办妥，可以批评他，但不能认为他不行。客观地评价一个人，必须看他的全部历史和全部工作。

（4）不要仅从表面看人。

诸葛亮曾对人做过综合的分析，"有温良而伪诈者，有外恭而内欺者，有外勇而内怯者，有尽力而不忠者"，现实生活中有很多人表里不一。以貌取人、年龄取人、以文凭取人、以言取人、以资历取人等，都属于仅从表面看人，这种现象最好避免发生。

分析人要客观，还要全面

要真正透彻地了解一个人，做到知人善任，并不是件容易的事情。只有了解掌握每一个下属的能力和特性，才能更恰当地使用他们，更有效地指导他们。所以，每个领导都要不断提高判断人、鉴别人的能力。

6. 根据年龄提出不同要求

一般情况下，人随着年龄的增长，性格也会发生变化，这尤其在工作中能够充分的体现。任何企业，根据工作性质的要求，都应该搭配不同年

第十九章　看人下菜，量才而用
——用错人，万劫不复；用对人，万象更新

龄段的员工，考虑因人而异的原则。

根据员工的年龄，大致可以划分为三类：年轻（18～39岁）、中龄（40～50岁）、高龄（50～60岁）。这里面最重要的是了解年龄特征。

（1）年轻员工。

年轻员工最大的优势就是精力充沛，闯劲十足，才思敏捷。时下，年轻员工深受老板们的重视。但是年轻员工的忠诚度相对较低，跳槽现象频频发生。

所以，老板要招纳一些有活力、有干劲的年轻员工，为组织输入新鲜的血液。此外，也要制定长远的内部人才培养计划，留住人才。

（2）中龄员工。

中龄员工可以说是公司，甚至是这个社会的中流砥柱。随着年龄的增长，他们已经不再贪图一时玩乐，而更注重精神上的满足，期望通过自己的努力来提高自己的经济水平和在工作中的地位。老练沉稳的中龄员工，没有了年轻时的浮躁，看淡了玩乐中的享受，所以他们会更加珍惜现在的工作岗位。

领导应该尤其重视中龄员工，从中选拔出最符合这一年龄层精神特质的人才，重点培养，并委以重任。

（3）高龄员工。

高龄员工最大的特点就是体力明显衰退，视力与记忆力也变得老化。大部分的高龄员工都开始出现求稳心态，再让他们鼓足干劲，那是不可能实现的了。不过，高龄员工的优势也很明显，就是经验十足，难怪很多老人在退休以后说："我吃过的盐，比你吃过的饭都多。"

对于高龄员工，应该采取的态度是，当众称赞他们，并鼓励他们继续发挥才智与能力。

年龄不同,特征不同,要求不同

一般来说,员工的年龄不同,反映出来的问题也各不相同。采取因人而异的原则,划分员工的年龄,根据年龄特征,提出不同的要求,让所有的员工人尽其才。

第二十章

权力下放,无为而治
——少就是多,抓得少些反而收获就多了

麦当劳快餐店创始人雷蒙·克罗克曾经说过:"在公司管理方面,我是相信少就是多的道理:你抓得少些,反而收获就多了。"使用权力是一门学问,而其中的诀窍就在于放权,放的权力越多得到的也就越多。

1. 只做自己应该做的事

作为一位出色的领导，最重要的是分工明确，不仅要分好手下员工的工，还要分好自己的工。很多领导在公司刚刚起步时，对公司的大事小事都一把抓，但当规模上来了，组织结构复杂了，领导就需要在关键问题上下工夫，做好自己该做的事。

事实上，让手下有能力的人来帮自己分担更多的事情，明确好公司每个人的事情，领导者只用做好自己该做的事情，这样公司就能走上了良性的发展道路了。

汉朝建立后刘邦曾对群臣说过："夫运筹帷幄之中，决胜千里之外，吾不如子房；镇国家，抚百姓，给饷馈，不绝粮道，吾不如萧何；连百万之众，战必胜，攻必取，吾不如韩信。三者皆人杰，吾能用之，此吾所以取天下者也。项羽有一范增而不能用，此所以为我擒也。"

上面这段话体现了领导角色应有之义，刘邦将自己手中的事情交给了韩信等人去做，不仅充分发挥了下属的才能，还赢得了下属的信任，更重要的是他自己有充足的时间来思考关键的问题。

（1）做好战略定位。

公司的战略和方向应该由老板定位好。只有将公司的发展方向定好了，公司才能够正常的发展。老板要扮演好企业领路者的角色。

（2）为企业搭建团队。

老板定好战略后，应该为企业找好合适的实施人，组成一个优秀的团队。只有找好合格的实施人，老板的战略才能充分实施。

第二十章　权力下放，无为而治
——少就是多，抓得少些反而收获就多了

用人要懂得分工

分工明确，一步到位，分的越多，做得越准确。将好钢用在刀刃上，将自己手中的事情变少。老板手中的事情少了，才有充足的时间谋划公司的未来，这样公司才能够走上健康的道路，得到良性的发展。

2．抓大放小，灵活用权

一个成功的企业领导一定要懂得分权，但分权也是一门艺术，需要合理的把握一个度，如果将权力都分散出去，那么就会使自己无权可握，从而降低自己的威望，也会让自己的政策没有办法得到充分的落实；而如果权力过于集中，则会伤害员工的积极性，使公司权力运行变得僵化。如此，就要求老板处理好权力分散与集中的关系。一般来说，要把握好以下原则：

（1）层级幅度合理原则。

老板在分权时，要准确考虑自身的能力因素，确定分权的层级和合理的分权程度，分权时主要把权力分到中层，这样只要管理好中层就行了。降低了管理幅度，这样可以实施有效的领导和管理。

（2）掌握适度超脱原则。

作为一个公司领导者，老板不应该陷入到日常的琐事中，应该保持清醒的头脑，从平常的事物中超脱出来，少做事，多思考，给自己自由思考的空间，在管理工作上做到张弛有序。

（3）权力责任平衡原则。

老板授权一定要做到权责明确，权利和义务相统一。授出了多大的权，就要让被授权者承担多大的责任。对于被授权人,一定要敢于使用权力,在行使权力的同时,一定要履行义务,承担责任。

(4)根据实际变通原则。

老板分权时不能死板,分权的方式有很多种,老板要根据具体情况进行分权,选取多种的分权方式,不能只根据一种方式。身为老板,分权时应该当用则用,当变则变,或因时而用,或因事而变。

分权凝聚威望

许多老板会把权力一把抓,这样只会让员工觉得老板不信任自己,伤害了员工的积极性。其实分权的过程是老板凝聚威望的过程,老板将权力分散出去,会在无形之中得到对员工的一种掌控力。

3. 授权的三个组成部分

领导要从日常的琐事中解脱出来,一定要懂得授权。下放权力又是一门大学问,这其中又有那些门道呢?

(1)找好授权对象。

授权的第一步是要找到合适的授权对象,领导要把权力分配到合适的员工手中。国际上有一条公认的企业管理定律,叫"二八定律",它同样适用于企业人力资源结构。也就是说一个企业无论规模大小,往往是20%的人完成了80%的工作任务。这20%的人就是企业的骨干,企业的中层。领导要授权的对象就是这些企业的中层。领导只有挑选合适的企业中层才

第二十章　权力下放，无为而治
——少就是多，抓得少些反而收获就多了

能保证授出的权"高产高效"，得到充分的回报。在选择中层时，所选之人应具备以下特点：有职业道德，善于灵活机智地完成任务，有自我开创能力及集体合作精神。

（2）定好授权力度。

人力资源的实践证明，员工都有参与管理的要求和愿望。满足员工的这种需要，不仅可以激励员工，还有利于公司的长期发展。不过，授权的力度一定要恰当，权力过大，员工无法驾驭；权力过小，员工无法完成工作。而且授权后不要对员工的权力乱加干涉，否则会使员工产生不被信任的感觉。老板在授权时一定要把握好度，授权要因环境而定，因形势而定，因员工而定。

（3）选好授权方式。

领导在授权时要选择合适的授权方式，用人不疑，疑人不用。任用人才的一个重要原则就是：如果放手让他们去干，就不要对他们表示出怀疑的态度，如果你要怀疑，那干脆不要起用他们。在中国古代商人的眼里，东家与掌柜的最高合作境界就是：东家要"疑人不用，用人不疑"，而掌柜要"受人之托，忠人之事"。古代做生意最出名的晋商在用人不疑上做得最好。哪怕生意做亏了，只要不是人为失职或能力不足造成的，东家不但不加以责怪，反而会安慰掌柜，鼓励他们来年扭亏为盈。

掌握好授权艺术

老板授权一定要坚持两个原则：授对权，授对人。将手中的权力下放到合适的人手里，这样才能保证权力的合理运用。如果将权力授给了错误的人，反而会损害公司的利益，还不如不授。

4. 一旦授权，就不再指手画脚

授权是每个老板都要学的一门课，也是很多老板正在对下属做的事情，但是授权后有一个大忌，那就是对被授权者指手画脚。这样只会让手下的员工觉得老板不信任自己，进而会使他们丧失积极性，做事情消极怠工，从而让授权变得得不偿失。对于一个成功的老板来说，一旦授权就要充分信任手下员工的能力，给他们充足的施展空间，不再指手画脚。

三国演义中，刘备三顾茅庐终于请到了诸葛亮出山。诸葛亮刚出山就被刘备委以重任，让他担任军师，指挥军队用兵。刘备的很多手下都对他重用诸葛亮感到不满，认为诸葛亮初到军中，没有能力担此重任。刘备听到这些话后非但没有罢免诸葛亮，还亲自站出来说："孤之有孔明，犹鱼之有水也。"接下来，刘备在新野之战中以身作则，听从诸葛亮的军令，帮助诸葛亮服众。而诸葛亮也没有辜负刘备的信任，鞠躬尽瘁死而后已，帮助刘备联吴抗曹，取荆州，夺襄阳，建立了蜀国，成就了天下三足鼎立之势。

刘备的做法体现了一个成功的公司老板对下属能力的充分信任和支持，刘备的信任为诸葛亮提供了广阔的平台，让他的能力得到了充分的发挥；同样，诸葛亮的能力也帮助刘备成就了三足鼎立之势。刘备的信任和诸葛亮的能力也让两人成就了一番君臣美谈。

作为一个公司老板不仅要给员工授权，还要给员工提供发挥权力的平台，只有这样才能让员工尽心尽力地为老板做事，老板与员工也能形成互相信任、互相支持的默契。

第二十章　权力下放，无为而治
——少就是多，抓得少些反而收获就多了

> **授权要信任**
>
> 很多老板在授权后，还是对授权的员工不放心，老板要相信员工的能力，这样才能让员工的能力充分发挥。老板对员工的信任，会得到员工的忠心，会促使员工更好的完成日常事务。

5．授权之后把握住控制权

很多老板在授权后就不再关注权力了，这样会使员工对权力的实施产生迷茫和无措。老板在授权后，应对权力进行适当的引导。但是对权力的引导也是一门学问，做到以下几点尤为重要：

（1）预估风险。

授权应该是一种投入和产出成正比的方式，老板授出的权力应该得到相应的回报，这样授权才是值得的。这就要求老板们在授权前，对授权做出充分的预测，如果风险小，回报高，就应该果断授权；反之，则不应授权。

（2）只授内容，不管做法。

在授权时，老板着重把握的应该是授权的内容，将重点放在要完成的具体内容上，而在授权后则要减少对员工的指手画脚，不去干预完成任务的方法和细节，给员工自由发挥的空间。

（3）合理检查，建立信任感。

老板在授权后，应该对员工进行适当的检查。老板检查并不是对员工能力的怀疑，检查应该是对员工做事的方法进行合适的引导和鼓励，让员工感受到老板的信任。老板的信任能让员工更有责任感；对员工能力的准确预估也能让授权达到预期目标。

（4）合理分配工作。

老板分配工作时，有的工作是简单轻松的，有的工作却是复杂乏味的，老板应该合理分配那些"讨厌"的工作。老板在分配那些枯燥乏味的工作时，应该公开说明工作的性质和内容。

（5）尽量避免反向授权。

反向授权是指部下将自己应该完成的工作交给领导去做。很多情况下，部下对老板反向授权并非是因为部下的能力不够，而是因为风险，怕挨批评，缺乏信心等问题。老板应该对部下进行鼓励和引导，坚定部下的信心，而不是替部下完成工作。

授权需把握

老板在授权后要对权力进行把握，避免出现权力失控的现象；否则，老板无法收拾整个局面，问题就严重了。老板要放权，但是要掌握好放权的大小，同时也要做好权力的制衡，这样才能高枕无忧。

6．用好中层是桥梁，用不好是铁墙

在公司中，中层是连接公司高层和普通员工的纽带，一般情况下，高层的政策和想法都由中层带领普通员工来落实，而普通员工的看法和意见也由中层反映给高层。但是公司高层在管理风格、行事方式、个人品格等方方面面对中层都有影响。那应该如何减少高层对中层的负面影响呢？

（1）适当降低企业集权。

第二十章　权力下放，无为而治
——少就是多，抓得少些反而收获就多了

老板应当减少对中层的负面影响，如果老板难以控制这些影响，可以适当降低企业的集权，将那些同中层接触过多的事情交给助手去做，从而减弱因频繁接触而对中层造成的负面影响。

（2）减少亲自上阵。

如果老板不能控制自己对中层的怀疑，整天疑心重重，就会使得公司里人人自危。所以，老板应该减少对公司事情的直接干预，尽量减少亲自上阵，可以安排自己信得过的人通过隐蔽的方式通风报信，但一定要适度控制这种方式。

（3）维护中层权威，不孤立部分中层。

老板应该注意在适当的场合维护中层的权威，不能不分场合，不分情况地批评中层。同样也不能对中层进行越级管理和接受底层员工的越级汇报。老板应该广泛地同中层处理好关系，不能因为部分中层不参加老板组织的活动就对他们进行孤立。同时，老板可以通过鼓励，增发奖金，增加沟通等方式获取中层的友谊，以减少平时因对中层的疏远而造成的不利影响。

（4）放权并非放任。

作为公司老板，老板应该制定合理的制衡制度，同样作为制度的制定者，老板也应该遵守企业的制度。这样，老板以身作则，"制度管人"才能更好的实行。

不放任人才

公司中的一些人才虽然潜力出众，但因为资历欠缺，在一些方面还不能出色发挥。对于这些人，老板应该为他们安排可以有效调度下属的管理辅佐人，而不能随意将这些人安置在岗位上。否则，有可能会适得其反。

7．坚持"上下同欲"

在建设公司文化时，领导最应该注意的就是员工对公司的认同感和归属感，这就要求员工和公司的追求目标和利益目标应该相一致。我们常常听到一个词——"团队精神"，它是企业领导努力追求的公司文化氛围，因为只有员工将公司当作自己的家，对于工作才会兢兢业业，才会保持工作热情。一个优秀的领导者，员工对他及公司一定会有一种归属感和认同感。

我们都听到过这样一个寓言，"一个和尚挑水喝，两个和尚抬水喝，三个和尚没水喝"。这个寓言侧面体现了一种公司管理中的现象。当团队中只有一个人时，这个人会按照自己的目标积极努力；团队人少时，团队中的人通过协商可以形成一个共同的利益目标，确定方向，共同奋斗；但是当团队人数过多时，意见也会随之增多，结果就很难形成共同的利益目标，从而使团队做事缺乏效率，往往一事无成。

事实上，使员工利益和公司利益相一致，培养员工的企业归属感和认同感在公司建设中尤为重要。很多老板在这一方面煞费苦心，从各个方面制定公司制度来获得员工的归属感和认同感，培养员工的团队精神。

有难要同当

很多老板只有在公司有利益时善待员工，在公司面对苦难时就对员工不管不顾，这种做法十分不可取。要时刻关注员工利益，这样才能得到员工的尊敬和信任，必要时可以帮助员工解决面临的困难。

第二十一章

能人大用，奸人不用
——任用贤能，不要怕自己被超越

管理界信奉这样一句话，"用忠臣掌权，按能力重用"。它向领导者道出了选人用人的两个标准：德行和能力。老板在选用人才的时候，务必要把握好这两个原则，才能找到得力助手，从而打造出一支有战斗力的团队。

1．让有能力的人掌权

在一个公司中，人才是发展的关键。用什么样的人才担当要务，是决定公司发展和稳定的关键所在。所以制定一个合适的选人用人标准，对于公司的人才管理尤为重要。

"人君之所任，非辩智则洁修也……主利在有能而任官。"这是法家思想的代表人物韩非子对君主提出的建议。意思是说，君主选用官吏有两个标准，一个标准是其智慧才能，另一个标准是其美好品德，在智慧之人和德行之人之间，要选能人。这句话对于公司很有值得借鉴的地方，它告诉管理者要让有能力的人掌权。

公司发展要用能人，要让能人掌权。因为能人能够为公司的发展出谋划策，献策献力。那么要如何使用能人呢？有以下两点建议：

（1）为能人提供恰当的岗位。

一个有能力的人，最需要的是发挥能力的合适岗位，只有将其放在合适的岗位上，才能够让他们的效益最大化。对于一个成功的老板来说，要做的就是扮演好伯乐的角色，否则不仅是对人才的浪费，也是对公司资源的浪费。因此，老板在用人时一定要量材适用，既不能大材小用，也不能小材大用。

（2）解决好能人的福利和待遇，留住能人的心。

能人往往是公司里付出较多的那类人，他们为公司的发展做出了巨大的贡献，所以公司的老板一定要解决好他们的福利和待遇，有功一定要赏。另外，还要及时对能人进行升迁，让他们有一个好的工作心态，不能寒了他们的心。只有这样，才能得到能人的认可和回报，才能让公司的能人尽职尽责，做出好的成绩，促进公司的发展。

第二十一章　能人大用，奸人不用
——任用贤能，不要怕自己被超越

选择能人是公司发展的关键

能人就是指那些有丰富的工作经验和高超的工作能力的人，在一个公司里，他们往往是中流砥柱，决定着公司发展的道路。所以，作为老板，一定要通过各种方法多多选用能人为自己效力，为公司发展出谋划策。

2．能人的八大特质

能人的可塑性和适应性都非常强。他们能够根据不同的环境发挥自己的能力，而且无论在什么样的环境下都能有出色的发挥。同样，无论是今天，还是将来他们都能在老板的心中占有一席之地，帮助老板排忧解难，和公司共同成长。

除了能力外，能人在很多内在方面也有较大优势，比如品德、性格、责任感等。这些优势对于公司提升凝聚力，形成团队精神，建设良好的工作环境都有很大的帮助。因为这些优势，能人在各公司老板那里都较为抢手。所以，老板们一定要慧眼识人，在你的员工中把能人找出来，委以重任。一般来说，能人大多具备以下特质：

（1）责任感强，有较为丰富的工作经验。

作为一个能人，一般不是初出茅庐的职场菜鸟，都在职场上工作了一段时间，有了比较丰富的工作经验。同时，在职场的摸爬滚打中，也让他们锻炼出了较为熟练的专业技能。

（2）主动性强，没事找事。

一个能人对于自身的工作能力会有较强的信心，不仅会出色完成老板交代的工作，在本职工作做完后还会主动找其他事情去做，而不是等着老板派任务,以此来展现自己出色的能力。

(3)领悟力强。

能人有着出色的专业经验,对工作的套路和内容得心应手。一般情况下,能人能够很好地领悟老板和客户的意图,交出让双方都满意的答卷。

(4)遇事冷静,在困难面前不怯场。

能人的办事能力强,不仅仅是在一般情况下,遇到特殊情况也能够随机应变,出色地解决问题。

(5)对公司的归属感强。

能人在处理公司事务时会把公司的利益放在首位,对公司有着很强的认同感,关心公司的发展。

(6)关注工作效率。

能人是很在意工作效率的群体,如果工作效率过低,他们会觉得是在浪费工作的时间,不会把时间投入没有效果的工作中。

(7)对环境的适应性强。

能人受工作环境的影响很小,他们能够根据不同的场合对自身作出调整,以便更好地完成工作。

(8)保持愉快的工作态度。

能人对于自己的工作能力保持着信心,对于工作保持着愉快的态度,并能用这种态度感染其他员工。

合理定位人才的价值

选用能人,可以根据以上品质。只有能力,却缺乏相应品质的能人,价值会相应的减弱.老板要根据人才的品质,定位人才的价值,做到对人才的能力心中有数,这样才能更好地使用人才。

3. 敢用比自己聪明的人

在企业中，老板的心胸决定了企业发展的高度。老板作为一个企业的领导者，一定要有用人的度量，不能让自己成为公司人才队伍壮大的束缚。老板要突破自身，敢用那些比自己聪明的人，而且还要善用那些比自己聪明的人，将他们的力量都变为能够帮助公司发展的力量，以此促进公司的不断壮大。

《孟子》中有句话"劳心者治人，劳力者治于人"，这句话提醒老板在用人时要给自己定好位，要将自己定位为用人之人。作为老板，最大的权力就在于用人，不能因为某个员工能力出众就不敢用。用好人，敢用人，才是合格的老板。

老板应该明白个人的智慧终归是有限的，只有将群体的智慧都用上，公司才能不断地向前发展。老板在用人时应该保持自觉，提高自己的境界，将公司利益放在首位。用比自己厉害、聪明的人，将这些人的力量凝聚为公司发展的力量，这样公司才能做大、做强。

公司要发展，需要不断有新的人才进入，形成互相促进的势头。新老交替，新的取代旧的是万物发展的规律，作为一个公司的领导者，老板一定要认清这一规律。

江山代有才人出，一个公司要蒸蒸日上，需要不断的有能者带领着公司前进，这样公司才有前进的动力。本田公司在这方面就做得卓有成效。本田的第二任社长河岛在接过本田公司的社长大旗后决定进入美国办厂，他聚集了来自人事、生产、资本三个专门委员会中最有才干的人员，最终将本田的工厂成功地开在了美国。本田的第三任社长久米则成功的开发了新车"城市"，这款车型一经上市就受到了广泛的欢迎，本田公司的规模也因此再次扩大。本田公司的成功，不仅是成功在技术上，更重要的是在接任者的选取上,本田的老板懂得顺势而为,这才使得本田公司不断有能人带领。

为公司注入能量

老板要清楚能人是每一个公司必不可少的新鲜血液,所以要不断地为公司选能人,用能人,使得公司不断有新的能量融入。这样就能为公司的持续发展奠定基础,使得公司时刻保持活力。

4. 培养"鲶鱼"式人物

人们常常说"鲶鱼效应",这一说法来自于挪威人。挪威渔民喜欢在返航时,放几条鲶鱼在存放捕获的沙丁鱼鱼舱里,这样沙丁鱼受到威胁不停地四处游动,就避免了窒息而死,以保持新鲜。

很多公司受到了"鲶鱼效应"的启发,专门为团队招聘几条"鲶鱼",使团队保持着竞争气氛,充满着生机和活力。但是"鲶鱼"式员工毕竟在员工中只是少数,往往很难找出这类人,这里总结几点"鲶鱼"式员工的特点,在招聘员工时可以借鉴:

(1)易冲动,爱冒险。

"鲶鱼"式人物常常保持着充分的活力,他们时时刻刻都对工作充满了热情,想要表现自己的能力和才华,但也因为这种表现欲,他们有时会变得焦躁不安,做事容易冲动。他们相信自己的能力,这使他们十分向往着未知的挑战,并养成了他们发现问题和解决问题的能力。

(2)独立性和自发性强。

"鲶鱼"式人物做事喜欢特立独行,他们喜欢用同他人不同的方式来行动,并且不喜欢别人干涉他们的行动,愿意用独立的思路解决问题。他们具有自主性,不需要别人的催促和监督,会按自己意志积极行动。

(3)持久且不失灵活。

"鲶鱼"式人物做事有耐心,一旦开始就一定要做到让自己满意,在精神上保持着耐力,并时刻保持着思想上的活力和创造力,具有坚强的意志。他们持久但并不死板,能够根据环境做出改变,敢于接受新鲜事物和观点,善于从失败中总结经验教训,在失败中成功。

(4)具有高情商。

"鲶鱼"式人物在情感上有较高的的活力,他们能够很好地控制自己的情感,待人很热情且不失幽默。因为有他们的存在,团队中有很高的生机与活力。

用好"鲶鱼"式人物

"鲶鱼"式人物是每个公司发展不可或缺的一部分,找到并正确的使用他们,能够为公司的发展增添活力。"鲶鱼"式人物的活力是每一个公司在发展的过程中都必不可少的,老板要好好的利用这一特点。

5. 把搞权术的人拉下来

三国时期,诸葛亮在伐曹魏前写下《出师表》,向当时作为国君的刘禅提建议,其中写道:"亲贤臣,远小人,此前汉所以兴隆也;亲小人,远贤臣，此后汉所以倾颓也。"诸葛亮做为蜀国的丞相清楚地看清了先汉兴衰的原因，并将这一关乎国运的建议提给了刘禅。但刘阿斗终究是扶不起的，他并没有听从诸葛亮的建议，还是亲近奸臣，听信小人的谗言，疏远忠臣，多次掣肘伐魏的诸葛亮，最终导致蜀国被魏国所灭。

如果将蜀国视作一个集团，那蜀汉集团的灭亡给所有领导人都提了个醒。在现代的组织管理中，领导人要使人信服，一定要任用那些正直的人，疏远那些搞权术的人。

春秋时期，鲁哀公向孔子请教使民众信服的方法，孔子说："举直错诸枉，则民服；举枉错诸直，则民不服。"孔子建议鲁哀公将正义放在邪恶上，这样民众就会信服，把邪恶放在正义上面，那么民众就不会服从。

作为一个领导者，一定要控制组织里的那些搞权术的人，如果一个组织里搞权术的人占了上风，那么这个组织就离衰败不远了。同样也应该任用能力充足的人担任要职，否则他的观念也会阻碍组织的发展。

不能任用善搞权谋的人

在一些相对重要的岗位上，不仅要看员工是否正直，还要看其有没有相应的能力和正确的理念。老板一方面要让自己的下属以德服人，另一方面也要让他们以能力服人。对于那些有能力但是却习惯搞权术的人一定不能姑息，绝对不能委以重任。

6．提防潜伏在公司的野心家

很多公司中都有这样一些人，他们不把精力放在公司的日常事务上，

第二十一章　能人大用，奸人不用
——任用贤能，不要怕自己被超越

而是放在公司的一些重大机密上，常常打听公司的财务运作、公司的股东信息、公司的扩充计划以及客户信息等重大的商业机密。对于这些别有用心的人，老板们一定要提防着他们，不要让他们接触到这些机密信息。

这种做法并不是对员工的不信任，而是对公司商业机密的一种保护，如果让公司内部的野心家接触到这些信息，公司的机密就处在了随时会暴露的危险之中，一旦被盗取，就会对公司造成用金钱无法衡量的损失。

其实，公司的这些野心家处心积虑的窃取机密，自然有他们的打算，主要有以下两点：

（1）得到公司的发展方向，为自己谋划发展前景。

每一个员工都关心自己的前途，那些野心家更是会为了前途不择手段。他们窃取了公司机密后，会考虑公司的发展前景，如果公司前景好，他们就会迎合公司高层的意思，从而获得更好的升迁机会；如果公司没有发展前景，他们就会早做打算，替自己谋划好退路，一旦公司面临危机，就会弃公司而去。

（2）以公司商业机密来换取利益。

每个公司在同一领域总会有竞争对手，这些对手对于机密一定会有充足的兴趣。这些野心家正是利用了竞争对手的心理，将机密泄露出去，以换取巨额的金钱。

加强公司机密的保护

任何一家公司都难免会存在一些野心家，所以老板一定要采取措施，提防这些野心家，比如：在公司重大人事的任用上，同他们签订保密协议，以增强抗风险性，以此来保护公司的重大机密。

第二十二章

栽培部下,挖掘潜能
——让三流人才发挥一级能效

作为一个合格的领导者,在选人、用人、培养人时应该树立正确的态度,要有唯才是举的魄力,在公司内养成知人善任的作风。老板只有先将自身的心态培养好,才能够正确地教导部下,帮助部下成长。

1. 不教导部下就是浪费其生命

老板选择了一个员工进入自己公司，就要对员工的成长负责。中国有句古话"男怕入错行，女怕嫁错郎。"员工的一生没有几次入行的机会，一旦入错行就可能将自己最宝贵的一段时间浪费掉，因此正确地帮助员工是老板的义务，老板要积极地引导员工，帮助员工入对行。

公司选人不仅是老板选员工，同时也是员工在选老板。员工加入一个公司，一定是想要得到好的发展机会。员工在日常事务中也在观察着老板，一旦发现老板无法帮助自己成长，员工就有可能产生离开的想法。

商界流传着这样一句话"人才是逼出来的，越多的挑战，越能促进人才的培养。"现实生活中，很多老板通过给员工临危受命，压担子，来锻炼员工的能力，为公司培养人才。

韩国三星集团的董事长李秉哲就很善于给员工压担子，三星集团的一个社长在回忆一段往事时说："在我担任第一毛织总务部长的时候，有一天，我突然接到董事会下达的一个任职令，让我到新世界百货店去当经理，实际上，那时候我还是个连在新世界百货店卖东西的经验都没有、刚从乡下来不久的人，而且又是在百货店处于经营状况不好、经营出现赤字和发生事故的时候。"

这恰恰是李秉哲的的高明之处，他深知员工的能力有时候是用担子压出来的，只要发现了适合的人才，就要及时给他们压担子。后来，那位社长从一个无技术、无经验的来自乡下的普通社员，入厂两年多就当上了第一毛织厂的厂长，不久又被接连提拔为总务部长、新世界百货店经理、社长等，就很好地说明了这一点。

老板将重担交给了下属，当下属的能力被锻炼出来后，就会非常感谢老板的栽培，对老板更加忠心。

第二十二章 栽培部下,挖掘潜能
——让三流人才发挥一级能效

给员工一些压力

员工一旦长期处于没有什么压力的工作中,就会满足于这种安逸的生活而不思进取。这样会影响自身能力的成长,同时阻碍他们成长为真正的人才,也会影响集体的进步。所以,老板应该适当给员工一些压力,对于有潜质的人才应该给予更多的工作任务,以此来锻炼员工的能力并维持他们的工作积极性。

2.用兵要狠,爱兵要深

领导选拔下属是为了让自己如虎添翼,所以领导往往在选拔下属时对下属的要求十分严格。在这样严格的选拔标准下,选出的人员基本上都是精英。这些人往往具有冷静的意识、战略的眼光、清醒的头脑,这些人往往都被领导委以重任,成为团队中的顶梁柱。而在如此精密的选拔条件下,那些急躁、虚伪、轻浮的人也都被剔除出去了。

公司老板都明白"千军易得,一将难求"的道理,一张招聘广告贴出去,就会有很多人应聘,但是在这些人中,不一定有一个现成的"大将"。哪怕是经过一层层的挑选,老板选出的人也可能只是拥有将才的"兵"。如何把"兵"变成"将"呢?这就需要老板对具有将才的兵进行不断的磨练。

"用兵要狠,爱兵要深",就是老板们磨练将才的一个准则。所谓的狠,并不是对员工进行压迫、剥削,而是指对员工压担子,使员工克服自身的惰性。当员工产生惰性,意识松懈时,就要适当地给他们安排一些任务,压一压他们,让他们保持紧迫感。同时老板也要爱惜员工,在给员工压担子时,也要给他们设立保护伞。这样就能让员工老板是在锻炼他们而非压迫他们，而他们也会因此对公司产生归属感，进而激发出更大的潜能为公司效力。

打磨手中的金子

作为老板，手下的人才储备应该是很充足的，只是有些员工还尚需一些打磨。只要好好地栽培他们，他们就会发光发亮，然后源源不断地为公司创造业绩。当然，在这个过程中，切记操之过急，否则不但不能锻炼员工，还会适得其反。

3. 别让金子埋在沙土里

在公司中，老板应该去做一个"伯乐"，善于发现那些有潜质而未被发现的人才。下面就介绍几点关于识别人才的建议：

（1）察言观行。

看一个人的言行，就能看出他的能力和志向。有潜力的人，对自己的能力有充分的自信，所以在公开场合很少说官话、空话，他们的话，绝大多数都是直抒胸臆的肺腑之言，表达的都是自己内心最真实的想法。

看一个人的说的话，能看出他的能力；但是要想看一个人的志向，就要看他做的事。喜好吃喝穿衣打扮的人，所追求的是口舌之福和衣着之丽；善于请客送礼的人，所追求的是吃小亏占大便宜；干工作吊儿郎当、伺候领导却十分周到殷勤的人，所追求的是个人私利。

无论是什么样的人，一旦进入了一个角色，所做的就能反映出他所追求的目标。真正的人才对自己的能力有充分的信心，坚信自己能达成目标，

第二十二章 栽培部下，挖掘潜能
——让三流人才发挥一级能效

他们日常的言行中就会透露出对能力的自信，所以，他们一切言行都比较质朴自然。老板们在日常工作中如果看到这种言行的人，可以放心大胆地启用他们。

（2）**明察暗访**。

"马太效应"说的是强者愈强，弱者愈弱的道理。应用到企业中的人才身上就是，如果一个员工的工作能力很出色，就会得到周围人的赞赏，而随着别人对他的肯定越来越多，他也会变得越来越出色，而赞赏他的人也会越来越多。当一个人才没有被老板重用时，还处于潜伏阶段，这一时期人们对他的赞美往往都是真心实意的。老板如果听到手下人都开始赞美一个普通的人时，就一定要引起重视，因为这个人很可能就是埋在沙土里的金子。

老板在发现有潜质的人才后，要对他进行提拔和培养。在日常事务中鼓励他们发表自己的看法和建议，给他们安排一些具有挑战性的工作，同时也要对他们进行一些赞赏和鼓励。总之，老板要做好一个"伯乐"，让手下的"千里马"发挥他们的能力。

发现人才，留住人才的心

为公司完善人才储备是老板要做的日常工作之一，但是老板不仅要发现人才，还要留住人才。在日常事务中，要及时地帮助那些有潜力的人才，让他们觉得跟随你能够发挥自己的能力，让他们觉得你就是他们职场生涯中最好的归宿。

4．坚持人才年轻化

年轻人是一个企业的中坚力量，在企业中占大多数。年轻人年富力强，精力充沛，对工作饱含热情。老板如果能够把握住年轻人的特点，巧妙地引导他们，就可以让他们焕发出无穷的创造力，进而增强公司的活力。

年轻人身上都有一股干劲，但同时因为他们大多涉世未深，经验较少。所有，有时候难免做事畏首畏尾，没有底气，有时候还还有可能不懂得如何自我发挥。作为老板，应该对他们负责。一般来说，可以采用以下方法引导他们发挥干劲。

（1）给年轻人一些重任。

许多老板认为年轻人没有经验，喜欢将一些很重要的工作交给公司里信得过的老员工。可是，作为一个老板应该知道，只要经过重任的锻炼，年轻人的潜力也可以被开发出来。

（2）及时给年轻人言语上的提点。

年轻人因为未经过打磨，所以在为人处事上难免会有这样或那样的缺点。作为他们的老板，要及时对他们进行提点。比如对做事易冲动的年轻人，要让他们按部就班地做事；而对于做事喜欢瞻前顾后的年轻人，就要鼓励他们放手去做。

（3）多给予年轻人鼓励，少进行批评。

年轻人自尊心强，容易被外界的言语影响。被上司赞赏，就会做事精力十足,被批评则会没精打采。做事积极的员工,会主动把自己的想法提出，期望得到上司的认同。对于这样积极的员工，老板如果使用得当，无异于得到了一个宝藏。

对于主动提出想法的员工，老板应该认真倾听，用眼神表达自己的重视。无论他的想法是否管用，都要予以鼓励，这样员工就会对自己有充分的信心。愚蠢的上司总是肆意地驳回下属的建议，或干脆搁置一旁看也不看，这对于下属来说这无异于一种侮辱，工作积极性和自信心都会因此受到打击。

合理使用年轻下属

对年轻下属，切忌滥用高压政策，这样培养出的员工只会具有对老板的反叛性或奴隶性。反叛的员工对老板只会阳奉阴违，效率和质量只会流于表面；奴隶性的员工只会对老板曲意奉承，欠缺主动，很难对公司有大用。

5. 让员工接受风雨的考验

我们常用温室里的花朵来形容那些经受不起考验的人，老板也要注意这一方面，不能把员工培养成温室里的花朵，经不起风吹雨打。正确的做法是，让员工自己承担工作中的责任。一般来说，为避免把员工培养成温室里的花朵，老板要特别注意以下三种情况的发生。

（1）过多干预下属的权限。

很多大公司都是从小公司发展起来的，这些公司的老板往往习惯了公司规模小时的独当一面，什么事情都亲自出马，亲力亲为，结果让下属成为了自己的陪衬。长久下去，下属就会失去对工作的热情，也失去了工作的能力，只能依靠老板来工作，成了温室里的花朵。

（2）阻止下属接触外界。

有些老板欣赏下属的能力，爱才心切，担心下属同外界接触，被别的老板看中后用优厚的待遇挖走，于是就干预下属同外界的接触，希望以此将下属长久地留在公司。

殊不知,这样做会让员工失去接触外部社会的机会,结果造成他们只熟悉自己公司的业务,但处理起社会事务来就会畏首畏尾,毫无在公司中游刃有余的气度和反应敏捷的头脑。

(3)对女性员工的特殊照顾。

有不少老板,对自己部下的女性员工特殊照顾,给她们设立特殊的制度,做什么事都让她们占便宜,对一些女员工犯的错误也总是宽大处理。这样做,很容易让女员工们养成一种娇生惯养的习惯。结果,她们在工作中很可能会变得不负责任、推三阻四,工作能力也无法得到提高,最终就会成为办公室里装饰用的"花瓶"。实际上,老板的做法并不是对女员工的一种保护,而是在阻碍女员工的成长,是对女性能力的怀疑,时间久了甚至会引起女员工的反感。

一视同仁,让下属经历风雨

把下属培养成公司的花朵,对公司的成长是十分不利的。老板要有战略的眼光,把下属当作接班人来培养。同时,不论是男性还是女性都应该一视同仁,用平等的要求来对待他们,不要对某个员工特殊照顾。

6. 授人以鱼不如授人以渔

公司里很多老板在培养下属时,有时因为急切地想要让员工成长起来,就会直接传授给他们一些自己工作时的经验和秘诀,觉得这样才是帮助员

第二十二章　栽培部下，挖掘潜能
——让三流人才发挥一级能效

工成长的最佳方式。但是老板们都应该听过这样一句话，"授人以鱼不如授人以渔"。你给员工一条鱼，确实可以解决他一时之需，但是鱼吃完后，他很可能会再来找你要鱼，因为他只会吃鱼不会捕鱼。所以，最根本的方法是教给他捕鱼的方法，这样员工就可以独当一面了。

有时技巧的传授并不是最好的方式，就像老师将复习资料发给学生，让学生死记硬背资料上的答案一样，结果学生只会解相同的题型，却不会活用，碰到不同的题仍然不会。同样，上司将自己手中的客户转交给员工，看似是帮了员工，但结果员工仍然不会去开拓客户。而只有告诉他"怎样和客户谈生意？""怎么去开拓市场？"才是告诉了他们捕鱼的方法。

有一位刚获得世界级影展最佳导演奖的新锐导演回忆他跟随前辈导演学习时，颇有感触地说道："我觉得这位前辈对演员的演技指导是最正确的。他不会直接告诉演员要怎么做，而是去告诉他哪里做错了，让演员自己去想，自己去改正。这样虽然很辛苦，也很花费时间，但是这位前辈先生所培养出来的演员个个演技精湛，都能独当一面。"

这位导演的一番话确实发人深省，其实无论是哪个领域，在指导他人时的门道都是共通的。如果老板总是亲自帮员工处理工作，那么就永远也无法锻炼出员工的工作能力，只有让员工自己解决一个又一个的问题，才能让他们成长起来，真正地独当一面。

授人以渔才是好领导

工作中，管理者的经验一般都比员工多，能力也比员工强。但管理者的能力和经验都不是天生的，而是一天天积累和磨练出来的。所以，在培养人才的时候，管理者一定要以"授渔"为主，这样才会给员工提供更多的锻炼机会，从而让他们成长为企业的中坚力量。

第二十三章

鼓励竞争,逼出人才
——搭建舞台,让大家争当有功之臣

自尊心和自信心,是每一个社会人都不可缺少的。而这种心理的背后,就是人人都希望自己比别人更优秀的欲望,各种竞争由此产生。要想在社会中生存下来,就必须面对竞争。而在企业中,良好的内部竞争有利于打破另一种形式的"大锅饭",不仅能够提高员工的积极性,也能带动企业更快的发展。

1. 让大家争当有功之臣

金惟纯是台湾著名杂志《商业周刊》的总裁。他曾经说过:"总经理的最高境界就是:他不在公司时,公司还可以成长。"在企业中,有效的竞争机制就能够使这句话变为现实。

台塑创始人王永庆在公司管理中,创立了"压力管理"的方法。压力管理,顾名思义,就是给员工施加适当的压力,通过这种方式来取得更好的管理效果。例如,会给员工定下任务,并限期完成;公司每季每年都会有营业考核,不达标的员工就要接受处罚,等等。通过"压力管理",台塑公司终于从一家小厂子发展到年营业额逾千亿元的集团公司。

而在美国硅谷,也有这样一种观点:"业绩是比出来的,没有竞争永远出不了一流的成果。"那里的企业管理者不仅要求员工有竞争意识,还要求他们能够将这种意识长久地保持下去。管理者认为,增强员工对于"竞争"的认可度,就能带动企业不断地向前发展。

作为公司总经理,要想在管理中事半功倍,一定要懂得如何科学地对下属施加压力,使其充分发挥潜能:

(1)*施加压力,逼出人才。*

如果没有外在的压力,没有生存的紧迫感,有些下属就会满足现状,不思进取。长此以往,必然会影响整个公司的效率。所以要在科学规划的基础上,给下属适当的压力,这样就可以使员工过剩的精力得到释放,专心工作,不仅能够提高公司的效率,还可以增强下属的成就感,可谓一箭双雕。

(2)*施加压力要适当。*

要知道,员工不是干活的机器,他的身心承受能力都是有限的。若一味施压,不讲适度原则,结果往往会南辕北辙。既不能提高工作效率,又可能落一个"暴君"的恶名,影响自己和下属的关系。

适当的压力造就人才

给员工适当的压力,是发现人才、造就人才的一大法宝。在企业管理中,既要有严格的要求,又要有慷慨的奖励。如果说,"压力管理"对员工们起到了"推"的作用;那么,"奖励管理"则是把员工往自己身边"拉"。这一"推"一"拉"之间,把握住适度原则,必然能为企业创造高绩效。

2. 成就感激发人才的创造力

在工作中,每位员工都有自我实现的需求,都希望能够成为一名优秀的工作者,出色地完成自己的任务。如果管理者能够抓住员工的这一心理,就可以使企业的创造力大大提升。

《福布斯》的领导人布鲁斯·福布斯不仅具备优秀的领导品质,还有着很强的个人魅力。公司里所有和他接触过的员工,都会对他竖起大拇指。有一年圣诞节时,他为公司所有员工准备了奖金和礼物。为了不让员工感觉这是在接受上级的施舍,布鲁斯·福布斯会走到每个人的桌子前面,握着他们的手说:"如果没有你的话,杂志就不可能办下去。你的工作对整个公司的运行和发展非常重要。"就连平日里容易被人忽视的值班员工,他也没有漏掉,同样给予他们真诚的感谢和祝福。这样的圣诞节礼物,让每个人的心中都温暖如春,一种使命感和责任感油然而生。

可见,在员工完成自己的工作时,如果能够得到上级的肯定和鼓励,那么很容易产生成就感，同时，也会用更认真、更负责的态度去对待工作。

国际著名化妆品公司——玫琳凯的公司内部就制定了一系列"赞扬"的办法：每位员工，当他第一次卖出100美元的化妆品时，公司就会奖励一条缎带作为纪念。每年在公司总部，还会有一次盛况空前的"玫琳凯年度讨论会"。有近两万名的优秀推销员工可以直接参加这项盛会。会上，销售成绩卓越的员工会得到一件特殊的礼服——"红夹克"，同时会穿着这件礼服上台发表演说。那些推销化妆品成绩最好的美容师，还将得到镶嵌钻石的大黄蜂别针和貂皮大衣——这代表了公司的最高荣誉。

为了能够获得荣誉，每个人都会卖力工作，以此争取下一年大会的登台演讲资格。而公司的销售额自然也得了迅速提升。

好员工"夸"出来

员工在完成工作时，都希望得到上级的肯定和鼓励。这时，领导者就要采取一些"赞扬"的方法，让员工意识到自己对公司的重要性，这样不仅能够激发员工的创造力和积极性，还能为公司带来意想不到的收益。

3. 创造良性的竞争环境

在公司里，竞争是不可避免的。但是，只有良性的竞争环境，才能促使员工不断地努力奋进。管理者在进行管理时，就要帮助员工树立正确的竞争观。

罗伯特是一家企业的中层管理者。有一次，他对一个一向很努力的熟

第二十三章　鼓励竞争，逼出人才
——搭建舞台，让大家争当有功之臣

练工人说："米勒，你的工作为什么进展得那么慢呢？你瞧赫尔，他工作就很快，我相信你一定能够在工作上超过他。"而他对赫尔却这样说："赫尔，我想你可以把米勒当作榜样，让工作进展得再快一点。"

过了不久，赫尔去外地出差回来，罗伯特就在他桌子上留下一张纸条，让他做好一个铸件，并马上送到另一个分厂去。第二天早晨，罗伯特在公司里看见了赫尔，便问："赫尔，你看见我留下的纸条了吗？"

"看见了。"

"你何时开始铸呢？"

"已经铸好了。"

"啊？我可以看看吗？"

"可是先生，我已经把它送到分厂去了。"

罗伯特没想到，用竞争的方法去激励工人，竟然能够取得这么好的效果。而对赫尔来说，在得到上司赞许的同时，也增添了自信心。

有一位经营者管理了多家铸造厂，但其中有一个厂总是让他头疼，那里的员工迟到早退，产品质量也不过关，还经常接到消费者投诉等。一次，他交给这个厂的任务又没按规定时间完成，于是他决定亲自到那里去寻找原因。在夜班工人要下班的时候，他在工厂门口拦住一个作业员，问道："你们一天最多可以做几次铸造流程？"作业员答道："六次"。这个经营者听了，就用粉笔在地上写下"六"。由于是昼夜两班轮班制度，很快，早班作业员进入工厂时，就看到了"六"这个数字。令人没想到的是，他们这一班竟做了七次铸造流程，并将"六"改成了"七"。到了晚上，夜班的作业员又把数字改成了"十"。经过不断的刷新，最后这个厂成为了所有厂中效率最高的一个。

竞争也要讲方式

只有科学、合理、公正的竞争，才能提高队伍的工作效率。而那些不正当竞争，不但起不到激励的作用，还会破坏公司的制度，影响领导者进行管理。所以，作为老板，一定要在公司内部树立正确的竞争方式。

4. 建立激励计划并坚决执行

如何正确地激励公司员工，让他们来保持良好的工作状态，这不仅是企业管理者必须要学会的重要技能，更是影响企业的兴衰与未来发展的关键。要想在这方面获得成功，就必须有一套科学合理的激励机制。

有一家并不大的区域性房产中介公司，名字叫信达房产。由于老板本人就是从房产经纪人一步一步成长起来的，所以对刚入行的年轻人的困惑和难处了如指掌。为了能够让员工尽快成长起来，也为了公司能够迅速做大做强，他在公司内部定下了一套"激励"制度，主要包括三个方面：

第一，个人的业绩就是团队的业绩。

他将公司的员工分成几个团队，并规定：各团队中任何一名员工完成了一项业务，那么这个团队的其他成员也会得到奖励。同时，如果某位员工没有完成任务，而要被公司解聘时，团队的其他成员可以自愿把自己的一部分业绩拿出来，算作这个员工的，以此来帮助他渡过离职这个难关。

第二，除业绩最好之外，进步最快和工作最勤奋的人也会得到奖励。

公司不仅会奖励那些业绩优异的员工，对于那些刚入职、经验不多而且没有业绩但却很勤奋的员工也会给予一定的奖励。这样做，不仅是在鼓励大家要向第一名学习,还给了员工成长的空间和时间,同时也为他们的学习和提高提供了一个缓冲的过程。

第三,在公司最显眼的地方,放置当周业绩冠军的大幅照片。

每周的业绩冠军,会有一张几乎和真人一样高、用易拉宝制作的大幅照片摆在公司最显眼的位置。这样做,既提高了业绩冠军的成就感,也起到了很好的模范作用。

通过这些方法,信达房产很快从一家中介公司发展为规模很大的房产企业。

激励制度要"健康"

在一家企业内部,只有健康积极的激励制度,才能起到良好的引导作用。一般来说,有效的绩效考核制度、完善的薪酬体系以及员工的需求和动机,是科学合理的激励制度所应该具备的三大要素。

5.给员工脱颖而出的机会

在一家企业中,如果没有为员工搭好平台,即使他们有十八般武艺,也不能被管理者发现,更不能用这些本领来为公司谋福利。所以,给员工脱颖而出的机会,是十分重要的。

作为中国 IT 行业的佼佼者,联想集团可谓是驰名中外。其成功的秘诀就在于,有一支优秀的经理人队伍。

每年年初,公司所有经理和员工,都要为制订明确的年度规划而认真准备。当计划作出之后,无论是老员工,还是新员工,都会分到一个自己负责的区域。当然,在此之前,公司已经对新员工进行过充分的培训,帮助他们更好地了解了公司和自己的职务。

明确了责任之后,谁的目标没有达成,谁就要接受惩罚。惩罚将会和个人的绩效挂钩,在这一点上公司对大家一视同仁,谁也没有特权。

在公司内部,每年会依据个人的季度、年度考核成绩进行人员淘汰。但淘汰并不是直接辞退,而是将这名员工调到其他岗位。这样,就能让员工在不同的部门、不同的岗位上去做新的尝试,经过这样一个过程,就能够发现员工真正的才能。如果在其他岗位也不能完成任务,才会考虑将其辞退。

联想公司的这种考核制度,为所有员工提供了施展才华的机会,这不仅建立了公平的竞争制度,也能够帮助公司更好地发现人才。

多给员工一个机会

如果没有舞台,最优秀的演员也会被埋没。公司管理也是如此,在苦恼没有好员工时,不妨给员工换一个工作岗位,多一些表现的机会,说不定,就会收到意想不到的效果。

6. 给员工设计好奋斗目标

俗话说,"有钱能使鬼推磨",于是很多人都认为只要用物质作为目标,人的积极性就会被激发出来。但是在现代企业中,具体情况要复杂得多。所以,管理者不能只依靠"多干活就多挣钱"这个原则来进行管理。

第二十三章　鼓励竞争，逼出人才
——搭建舞台，让大家争当有功之臣

每一位员工在进入公司之前，都会有自己的一个心理需要，这个需要可能关于薪酬，可能关于职业理想，也可能关于个人成长等等。因此，管理者在对员工进行管理时，就要根据员工不同的需要，来帮助他们制定目标。有了目标，才有动力，才能在此基础上更好地帮助企业进行发展。

一般来说，要实施"目标激励"，有下面几点要注意：

（1）目标激励要发挥正面作用。

激励所产生的积极性，有利于公司完成工作任务，实现发展目标。如果激励不当，产生了负面作用，不仅不能提高员工的积极性，还会影响企业发展。

比如，有一家电话销售公司，在奖惩机制里有这样的规定："如果员工完成一万元的业务，会得到2%的提成，如果再多卖一万元，那么会得到1%的提成，而再往上就封顶了。"公司的本来目标是多赢利，期望用提成来激励员工。然而，一万元以上的提成不仅没有提高，反而下降。这样的规定就限制了员工的积极性，公司的预期目标也就难以实现了。

（2）把公司目标与下属目标结合起来。

如果激励目标中仅仅包含了公司的需要，就很难激发起员工的工作热情。反之，如果激励目标中只有员工的需要，公司的利益也就难以得到保障。所以，在激励机制中，必须将二者有机的结合起来。

比如，大多数公司会为员工制定详细的晋升计划，并且在每一步的提高中，都标明了对职位的学历要求、技能知识要求、工作经历年限及待遇等。同时，还会告诉员工，如果想继续得到提升，还需要接受哪些教育和训练。这种做法就把公司对人才的要求，和员工自我目标的实现很好地结合了起来。

奋斗目标要找准

在企业内部,实施科学合理的"目标激励",可以让大家为了满足自己的需要而努力,从而在一定程度上,消除"员工围着领导转"的不良现象,也能为公司的发展起到加速作用。

第二十四章

培育人才,未雨绸缪
——企业培训,让员工与企业共同成长

进入二十一世纪,一切都在发生着翻天覆地的变化。人们开始意识到,只有善于学习,才能在竞争中占据一席之地。无论是企业还是个人,要想持续成功并发展壮大,必须坚持不断地学习。因此,作为企业的领导者,就要在培育人才上下好功夫。

1. 管理的一半是培养人

俗话说，"千军易得，一将难求。"在商业竞争中，领导者必须善于培养和发现优秀人才，为己所用。有了优秀的将士，才能在商业大战中披荆斩棘，一路高歌猛进。

韩国 LG 公司是一家国际知名的电子产品公司。为了打开中国市场，公司确立了"立足中国，扎根中国"的经营策略，这一策略的特点主要表现就在于对人才的培养和管理上。LG 总裁曾经表示："中国有许多优秀的人才，如果我们只是将全部注意力都放在发展本地市场，而忽略了中国的人才优势，不就等于是把遍地的黄金珠宝弃置不顾吗？那绝对会是一种浪费的行为。"

除了在生产和管理工作中重用中国员工，LG 公司还提倡"人才开发当地化"。2002 年 11 月 11 日，LG 电子（中国）有限公司设立了"LG 电子奖学金"，并由总裁卢庸岳将证书颁发给学生，这些证书获得者是来自北大、清华、北京邮电大学和北京科技大学的 34 名优秀学生。除了这四所重点高校，公司还在中国其他 19 所著名大学设立了这项奖学金，以此来挖掘人才，储备人才。从这里，我们就不难找到 LG 多年来在中国市场上根深叶茂的主要原因。

毛泽东曾明确指出：战略路线确定之后，起决定因素的就是干部的素质。也就是说，有一批优秀的领导干部，是战斗获得胜利的关键。因此，在艰苦的战争环境中，他从未放松过干部的选拔与培养工作，也正是因为这样，革命事业才能不断取得成功。

第二十四章 培育人才，未雨绸缪
——企业培训，让员工与企业共同成长

人才要从平时抓起

"修身、齐家、治国平天下"这句话，展现了我国古人对于自身发展的理想。对个人来说，如果平时注意培养自己的修为，那么在时机到来时就可以大展拳脚；而对组织领导者来说，只有在平时注重开发和培养自己所需的优秀人才，在关键时刻才不会出现"人才饥荒"。

2. 企业培训是一种划算的投资

在公司里，关于领导用人和下属做事的关系，有人将其比作是一杆称，领导就是定盘的星，是如何用人的决策者。

有的公司为了节约成本，不愿意给员工提供培训和学习的机会，这样虽然在短时间内能够省下一些成本，但长此以往，员工的工作技能和管理素质就会阻挠企业的发展，反而得不偿失。所以，作为领导要明白，在下属身上投资，对他们进行培训，是为了让他们以后能够更好地为公司工作。当员工的能力提高之后，公司的效益自然也会随之提高，而最终受益的正是领导者自己。

有一家红星机械配件厂，由于生产线的职工大多是当地的农民，所以无论是知识还是工作能力，都需要进一步学习和提高。由于他们的工作热情不高，使得产品不能在市场竞争中获得优胜位置，结果导致企业连年亏损。对此，领导班子很头疼。

后来，厂里人事调整，来了一位新厂长。上任之初，这位新厂长首先了解了工人们的受教育程度，然后将那些初高中毕业的年轻工人派到上海，

让他们去学习先进的生产技术。一年之后,这些年轻工人回到厂里,人们惊奇地发现,他们不再懒散,也不再抱怨工资低,而是怀着满腔热情,把所学到的本领都运用到了生产中。

结果,一个季度下来,除去培训员工的花费,厂子依然盈利不少。而随着全厂工人的积极性都被调动起来,一年之后,这家工厂已经发展成为当地的知名企业。

可见,如果愿意在员工身上进行投资,那么会得到相当丰厚的回报。尽管刚开始时可能会消耗一部分资金,但从长远看,这些付出都是值得的。所以,领导者要将目光放长远,不要仅仅在乎眼前的细小利益。

放长线,钓大鱼

对于企业来说,对员工进行培训是风险最小、收益最大的战略性投资。那些在国际上能够长期立于不败之地的公司,都有一个共同点,就是非常重视对员工的培养。作为管理者,一定要将这种方法在自己的企业中很好地贯彻执行下去。

3. 用人不能"急功近利"

上司用人的最好效果,就是能让下属的才能全部发挥出来。然而"欲速则不达",一味地追求速度,有时候不仅达不到自己的目标,反而会阻碍自己的发展。因此,领导者在用人过程中,一定要避免"急功近利",以防产生反面效果。

具体说来,有以下几个方面需要注意:

第二十四章　培育人才，未雨绸缪
——企业培训，让员工与企业共同成长

（1）人事安排逐渐调整。

人的才能增长是有周期性的，一般来说，一名员工从刚入行到能够独当一面，需要三至四年的时间。只有具备足够的工作经验，才能够自如应对各种突发情况。所以，要给刚入门的人才一些成长的时间，等到他们具备了相应的能力，再调整岗位和职位。这样才能为企业造就真正的复合型人才。

（2）张弛有度。

有人说，要想训练出好员工，就要让他们始终保持一种饥饿的状态，这样才能激发他们的内在活力。但是，在实际情况中，如果下属常处于危机感和饥饿感的状态中，就会产生疲惫心理，甚至厌烦工作，这样不仅不会提高工作效率，反而会在企业中产生一种消极怠工的气氛。所以在管理时，一定要注意张弛有度。既要给他们施加压力，也要营造出轻松愉快的工作环境。

（3）放松管理。

在西方企业中，有些管理者会用突然袭击的办法，走进各部办公室，去检查工作或临时监督。这样做，虽然可以随时掌握员工的工作状态，但长此以往，会让员工会感觉到上司对他们的不信任。要知道，"海阔凭鱼跃，天高任鸟飞"，只有处在宽松的环境，员工才能全心全意投入工作。

（4）用兴趣说话。

如今在市经济条件下，择业应当是爱一行干一行。只有在做自己感兴趣的工作时，人们才会努力提高自己的业务水平。因此，领导者在公司中，要尽可能地去满足下属的兴趣、爱好和志向，把每个人都分配到自己喜欢的部门。这样，才能各展其长，充分释放自身的能量。

磨刀不误砍柴工

只有给员工足够的时间去成长,他们才能从庸才变成将才,俗话说:"磨刀不误砍柴工"。有的管理者认为培养人才是浪费时间,其实恰恰相反,只要按照规律办事,不操之过急,就能达到自己的目标。

4．企业成长需要不同的人才

公司的发展不可能会是一般风顺,一般都会经历初始期、成长期、成熟期、衰退期四个阶段,而每个发展阶段都有自己的特点。因此,随着形势的发展变化,领导者的用人战略也要及时作出调整。

(1)初始期:手把手教徒弟。

这是公司起步的艰难时期。在这一阶段,企业的成长主要依赖于创始人。他们需要对企业的制度、发展方向、任务安排等都作出明确详细的计划。而普通员工由于对公司情况了解得不够,所以重要性表现得不是很突出。因此,作为领导应该要投入大量的时间和精力,对员工进行引导,帮助他们快速融入到企业里。

(2)成长期:重用人才,帮企业"解渴"。

进入这一阶段,市场、产品已不是公司发展的瓶颈,人才短缺和组织结构脆弱的困扰,才是管理者应该要认真考虑的问题。突破"瓶颈"的主要方法是,可以考虑向专业管理公司进行咨询,然后引进优秀人才,调整人事制度,并改善组织结构,以便顺利度过成长期的阵痛。

(3)成熟期:掌控大局,任用管理型人才。

第二十四章　培育人才，未雨绸缪
——企业培训，让员工与企业共同成长

公司在进入成熟期后，无论是发展计划、组织结构，还是管理开发、控制系统，都已经比较完善。此时的主要问题在于，公司庞大的规模和生产速度下降，会引起内部沟通不畅，部门合并的冲突等等。因此，要想顺利度过这一阶段，就要掌控全局，大胆任用管理型人才，重新对资源进行调整。

（4）衰退期与复苏期：员工新旧交替，帮助人才转型。

在衰退期，往往最让企业头疼的是如何更快地打开市场、降低成本，从而尽快走出低谷。这时，很多公司不得不做出裁员的决定。但要注意，在裁员的同时，也要招聘和培养新业务领域内的人才，这样才能为今后的发展做好人力资源方面的准备。

用人跟着局势变

在现代商业社会中，如果还坚持用一种僵化的、以不变应万变的方式管理人才，必然会在竞争中败下阵来。因此，领导人需要用变化的思维来看待问题，根据企业成长阶段不同，配备合适的人才。只有这样，才能实现伟大的发展战略。

5."全球化"就是人才当地化

伴随着经济全球化的发展趋势，"人才当地化"也在愈演愈烈。"人才当地化"即跨国公司在海外建立分厂时，开始注重运用当地的人才资源，从中挖掘人才，使之成为自己的优秀员工，而不再是从公司本部向海外派遣管理团队。这样做，既能节省时间和资本，同时也能够让自己的员工组

合更加合理。

1974年成立的台湾鸿海塑胶企业有限公司，经过三十几年的发展，已成为一家生产专业电子产品的高新科技企业。

在2008年8月，鸿海董事长郭台铭决定投资1800万美元，把位于墨西哥赤色瓦瓦州的摩托罗拉厂房买到自己手中，目的是为了给美洲市场的客户提供更好的服务。

在此之前，摩托罗拉公司一直派美国经理人来管理这间厂房。郭台铭成为这间厂房的新主人以后，一改过去的管理方式，聘用了墨西哥人担任管理工作，并向这些墨西哥员工承诺："我们不仅不会裁员，还要增加工作机会。大家一旦完成我们预期的工作目标，承诺的奖励一定会送到大家手中。"很多人都对郭台铭的这种做法表示不理解，对此他解释说："'经济全球化'就是人才当地化。任何企业想要发展，没有人才支撑都是行不通的，在经济全球化的进程中，必须聘用当地人才来对企业进行管理，只有把员工纳入经济全球化的视野，才能获得效益全球化。"

很快，这家墨西哥工厂的效益突飞猛进，甚至每年增长30%，比过去美国经理人管理时更有成效。

从这里可以看出，企业要在一个地方开发新市场时，任用当地人会更有效，因为他们更了解自己的需要，也更熟悉和了解当地的经济发展状况和消费者的需求。而且，无论是在语言沟通还是在文化交流方面，他们都会比外来者更加得心应手，因此也就更善于为顾客提供人性化、个性化、差异化的服务。

第二十四章 培育人才，未雨绸缪
——企业培训，让员工与企业共同成长

跨国公司要走人才本土化的道路

实现全球化发展战略，企业首先关心的，应当是当地的人才开发。只有实现人才本土化，才能真正融入到本地的市场当中。这样做，不仅能够在人力成本上减少支出，还能缩短企业适应新环境的时间。

6. 从三流企业中挖掘一流人才

想要把自己的企业做大做强，关键就要能够从芸芸众生中寻出"千里马"，让他们成为自己队伍里的"状元"。挖掘人才，往往是选择人才、任用人才的前提。如果这一点没有做好，那么事业兴旺也就无从谈起。

日本电产的总经理永守重信曾经这样说："既然没有一流人才愿意来，我们就从三四流的企业中挖掘一流的人才，然后加以培养。"那么，"一流"人才应该如何来辨别和判断呢？永守重信认为，那些"虽然功课不好，却有着天生的聪明才智"的人，就是"三流"企业中的"一流"人才。

为了帮自己找到这些人才，永守重信开始回忆过去身边的那些优秀同事，并归纳了一些特征：例如，吃饭快，说话声音大，每天很早就到公司开始工作等。于是，从1976年开始该公司就进行了几次不同一般的招聘。

首先是声音考试。应聘者要在面试时，朗诵公司准备好的文章。然后公司依声量大小来决定招聘结果。采用这种方式，是因为永守重信认为，说话声音大的人工作热情高，比较容易被激励。

之后，还有"早餐招聘"，结果也非常成功。在招聘之前，公司大做广告，

举行了很多次公司宣讲会。并特别强调，正式考试之前，公司有免费午餐供应。也许因为能白吃一顿午餐，那年的应征者多达 160 名。

结果，在考试前一天，公司特别叮嘱餐厅：饭要煮得很硬，甚至米心都可以是生的，另外，菜和肉也要做得很老很硬，让人难以下咽。面对这样的午餐，很多人放弃了，但是也有一部分人坚持留了下来。这些被录用的人，后来都成为了公司里的佼佼者。

之后，公司还举行过其他一些奇怪的招聘，例如：清扫厕所的试验、按求职者到达的先后顺序决定录取、招考留级生等等。

通过这些奇怪的"招聘"方式，日本电产挖掘到大量一流人才，并在 1984 年实现了八十亿日元的营业额。

眼光独到挖人才

在选择人才时，一定要明白自己公司的需求是什么，要明白：最合适的才是最好的。李世民曾说："何世无才,患人不能识之耳。"人才就像"千里马"，只有善于发现，才能加以利用。

第二十五章

人才匹配,团队优势
——协作致胜,企业不要"独行侠"

《庄子·秋水》里有句话说:"骐骥骅骝,一日而驰千里,捕鼠不如狸狌",意思是说,像骐骥骅骝那样的千里马,可以在一天奔驰千里,但在捕鼠方面却不如猫。经营者在用人时,也要明白这个道理,要合理利用人才优势,作出科学搭配,才能抱拳出击。

1. 人才搭配要合理

一位研究人际关系学的专家曾经说过:"你要雇用一个人的'手',就是雇用他'整个的人',因为他的人和手总是在一起的。"同样,一个人的优势和短处也是紧紧相连的,所以管理者在用人时就要注意合理搭配。

大家都知道,如果一支球队仅仅依靠某一个明星,而不顾整体战术的配合与协调,那么在比赛中就很难获得胜利。对于公司,也是如此。只有把员工打造成一支有力量的团队,才能获得胜利。

唐太宗李世民登基后,由于国家刚刚安定下来,需要重新制定许多法典规章。在与房玄龄研究安邦治国大略时,唐太宗发现他有许多精辟的见解,并且还提出了具体的办法。但是,房玄龄却不善于做决断,意见很多却不知如何下手。与此同时,唐太宗又发现"非杜如晦来不能决断"。原来,杜如晦虽然不能够提出很多优秀的意见,却精于决断,面对繁多的法令知道该如何取舍。明白了这一点后,唐太宗将二者的特长有效地加以利用,这就是历史上著名的"房谋杜断"。唐太宗正因为善于用人,才开创了贞观盛世。

某企业为了获得进一步的发展,从某军工厂聘请了一位颇有才华的中年工程师。为了留住人才,该企业领导不惜花费上百万元,为这位工程师买了一套住房,并且还为其家属安排了工作,尽自己所能为其提供了最好的工作环境和生活条件。该工程师深受感动,下决心要竭尽全力为公司作出奉献,帮助企业快速发展。没想到,一年之后,这位工程师搞成功的新技术项目竟比以前还减少了 57%,而这家企业也没有得到预期的效益。

原来,虽然企业为这位工程师提供了良好的工作环境,人员配备却没有及时跟上,导致很多工作都要工程师独自完成,由于缺乏好的帮手,所以没有达到预期的目标。

第二十五章 人才匹配，团队优势
——协作致胜，企业不要"独行侠"

红花还要绿叶配

作为管理者，期望所有员工都是全才，是极其不实际的。所以，在人员管理上，就要学会发挥每个人的优势，并通过合理的人才搭配，来弥补每个人的不足。

2. 搭建互补型人才结构

面对优缺点各有不同的员工，如何调配任用，往往关系到企业的生存与发展，而这也是考验领导者管理技能的重要问题。

有一家知名的儿童食品厂，建厂初期只是当地一家毫不起眼的小工厂。为了扩大规模，厂子的管理者录用了几十名技工学校的毕业生。并且在录用之后，按照面试成绩和性格特点，将他们分为敏捷型、灵巧型、注意型、创造型和综合型。然后在分配工作任务时，把敏捷型和灵巧型的员工安排在食品生产流水线上任操作工，这样就能提高生产效率；把注意型的员工安排在流水线上任仪表观察工，因为他们认真仔细，检查时更细心；把创造型的员工安排在车间机修岗位或者技术要求高的岗位上，鼓励他们进行生产创新；把综合型的员工作为技术骨干进行重点培养，然后提拔他们做管理人员。

半年之后，大多数员工都能够熟练而负责地完成自己的工作，公司在生产技术上也有了改革与创新。随后，公司的规模迅速扩大，成了一家很有名气的食品生产企业。

可见，科学合理的人才结构，是企业获胜的关键。而如果想要建立互补型的人才结构，首先要了解每位员工的优缺点，做到知己知彼。

人才互补，力量更大

国外的研究认为，在一个成功的经理队伍中，要有一个直觉型的人作为天才军师，由思考型的人设计和监督管理规程，提供联络和培养职员的责任感的工作应由情感型的人来担任，最好还有一名冲动型的人来实施短期紧急任务。只有人才互补，才能形成合力，获得成功。

3. 选好副手让你如虎添翼

任何一家公司的经营者，不仅要面对复杂的经营管理，还要应对各种难题和挑战。全部工作都"一肩挑"的做法，既不必要也不现实。所以，要学会给自己配备合适的帮手，这样做，一来可以提高公司的办事效率，二来也可以增强员工的责任感。

适合做副手的员工，一般有以下三类：

（1）通才型。

这类员工有着深厚的知识基础，同时具备很强的学习能力。善于把大家的想法集合到一起，进行科学整合。除此之外，这类人才还有很强的创新才能和管理能力，能够站在战略高度深谋远虑。用这样的员工来帮助自己，不仅能及时了解公司动态，还能帮助自己做出科学决策。

（2）补充型。

这类人才分为两种：一是自然补充型。这类员工身上具有领导所没有的长处，选他们做副手，可以取长补短，强化集体优势，提高企业战斗力；二是意识补充型。这类员工对自己的地位和作用有着非常明确的认识，而且善于领会领导意图,能够准确把握领导的性格、办事特点,从而在处理问题时,能够起到良好的辅助作用。

(3)竞争型。

这类人才具备当领导的才能,能在复杂多变的环境下独当一面,妥善处理好面对的问题。同时,他们面对困难时毫不畏惧,既不会轻言放弃,也不会半途而废,一心"敢于为天下先"。正是这种不屈不挠的斗志与咄咄逼人的锐气,才能在开拓企业扩大规模时助老板一臂之力。但是,他们强大的竞争心理也会对老板造成心理压力。所以聪明的管理者,应该明白如何正确的任用这种人才,让他们在最合适的位置上为自己贡献力量。

选帮手,遵循五原则

在选择副手时,领导必须明白,所选拔的副手不仅仅是自己的助手,更是决策集体中的一员。因此,遵循以下原则,才能取得更好的效果:(1)给与副手参与决策、做决定的权利。(2)最大限度发挥副手优势,学会取长补短。(3)把合适的人才放到合适的位置上,让才能与岗位相一致。(4)按照兴趣爱好来安排岗位,激发员工的积极性。(5)在处理工作时注意考虑员工感受。

4. 最大的危险是内耗

和谐的团队人际关系,是企业获胜的法宝。但是,这个道理说起来容易,真正做到却很难。为了防止因员工之间发生矛盾时而使公司产生内耗,管理者应努力地增强自己和下属们的友好互助关系,而这就需要有一点"手腕"才行。

　　松下公司曾经发生过这样一件事，有三个优秀人物聚在一起管理企业，无论能力还是智力，这三个人都是出类拔萃的。在合资创办的工厂里，他们分别担任会长、社长和常务理事。周围的人知道了这件事，都想："凭着他们的才能，这家厂子一定会发展得红红火火，欣欣向荣。"但是，让大家都没想到的是，从开业之初，这家公司就开始亏损，而且一直如此，到后来甚至连基本的日常花销都难以维持。工厂的上属集团总部知道了这个情况后，立刻召开紧急会议，研讨对策。讨论后得出的结果是，让这家公司的社长退股，离开公司，另图高就。

　　对于集团总部的这项决策，很多人觉得不能理解，认为让高层管理者退出公司，今后的局面一定会比现在更加艰难。但没想到，留下来的会长和常务理事两个人通力合作，充分发挥了工厂人、财、物力的优势，不仅在危急关头挽救了企业，还使生产和销售都达到了原来的两倍，最终使工厂扭亏为盈。

　　很显然，这家工厂刚开始的亏损，原因在于"人事协调"上的失败。虽然这三个人的智力和能力都是超群的，但是在工作时，却不能很好地配合。当他们聚在一起时，一旦观点、脾气不合，就很容易出现对立和冲突，产生很大的内耗。这种内耗不仅分散领导的力量，同时也会给员工带来负面影响，当然也就产生不了良好的工作成绩。所以，领导在任命下属时，一定要把内耗的问题考虑进去，不能把不对脾气或是不能相容的人分配到一起工作。

第二十五章 人才匹配，团队优势
——协作致胜，企业不要"独行侠"

小心"三个和尚没水喝"

松下幸之助曾经说过："一加一等于二，这道算术题人人都知道，可是在用人上，结果就可能不同了。如果人员通力合作，一加一可能等于三，等于四，甚至等于五；如果产生内在分歧，一加一就可能零于零，更可能是个负数。"管理者在用人时，也要考虑到这个问题，防止"三个和尚没水喝"的情况发生。

5. 一定选好火车头

一家公司的队伍就像是一列火车。中国有句俗话说：火车跑得快，全靠车头带。因此，在队伍中，选择合适的管理人才是非常重要的。学会在合适的时候，提拔那些有能力的人才，这不仅有利于本部门的发展，还能通过被提升的下属，来了解其他员工的动态。

林秀是一家装修公司的行政人员，刚进入公司时，工作很认真，领导交给的任务也完成得不错。于是，领导有意要提拔他做部门经理。可是经过多次观察领导却发现，林秀在上班时，经常迟到五六分钟，而到了下班时，铃声刚响起他总是第一个冲出办公室。有一次，领导临时有事要外出，就把林秀叫到办公室说："我现在要出去办点事儿，你临时照看一下公司，如果有顾客来咨询，一定要好好接待。"林秀一口答应下来，让领导放心把任务交给自己。可是，领导刚离开不久，林秀就无故外出了，过了好久才回公司。等领导回来后，问他有没有顾客到公司里来过，林秀因为没有尽到责任，一问三不知。经过观察，最后领导取消了提拔林秀的打算。

在提拔员工时，一定要先对其进行充分的了解，要有用人的根据，不能胡乱地选拔、提升，否则只会给管理带来更大的麻烦。

一般来说，好的"火车头"具备两个条件，一要能力强，二要人缘好。

如果提拔那些工作能力超群，却骄傲自大的员工，就无法增强公司的凝聚力，造成人心涣散，反而不利于公司的发展；反过来，如果提拔上来的是那些人际关系很好，却没有实际的工作能力的员工，就很难让其他员工服从，他们会认为："这种人不过是人缘好，才能并不比别人高，说不定还不如我呢，为什么提升他，而不提升我呢？"如果这种情况发生，自然也会不利于公司的发展。

选好帮手，事半功倍

一般来说，员工之间会比上下级之间的关系更加亲密，所以当领导要实施某项决定，而这项决定又不被员工理解时，如果被提升的下属能够起到带头作用，大家也许就会跟着一起干了，工作自然会很容易完成。所以，领导在提拔人才时，一定要选对人，这样才能让他们起到积极带头的作用。

6．让下属的职责互相牵制

任何一家公司，若想要有出色的管理，就必须建立起有效的控制系统。否则，公司将无法正常运转。现代公司就好比一台大型机器，有着极为复杂的构造，而那些充满活力的员工和团队就像是机器的零件，必须让他们相互牵制。如果操作不好，很容易出现摩擦和故障。

艾菊，是原产于欧洲的一种植物。它的药用价值极高，于是逐渐被移

第二十五章 人才匹配,团队优势
——协作致胜,企业不要"独行侠"

植到了美国、南美洲和澳洲等地。不久,人们就吃惊地发现,艾菊对当地的生态环境威胁极大:因为它有着强大的繁殖能力,会迅速侵吞大量沃土,如果不及时加以控制,当地的其他植物就无法生存;另外,艾菊体内含有吡咯烷生物碱,毒杀了当地不少无辜的牲畜。

这时候,有一位专家想到了一个好办法。过了一段时间,人们发现霸道强悍的艾菊重新变得俏丽可爱,也可以跟其他生物和平共处了。原来专家引进了红蛾和叶甲壳虫,这两种昆虫都以艾菊叶子为食,是艾菊的天敌。就这样,通过相互制衡,当地的环境最终得以恢复。

18世纪末,英国人占领了澳洲,将它作为自己的殖民地。为了开发这个辽阔的大陆,英国政府想了一个绝妙的办法:把犯人统统发配到澳洲去,同时把运送犯人的工作承包给一些船主。最初,政府按照上船的人数支付船主费用,于是,船主们都尽可能多装人,一再降低生活条件,造成犯人的死亡率很高。结果,英国政府往往"人财"两空。

为了解决这个问题,英国政府改变了制度,重新规定:当船主们到澳洲上岸时,再清点人数支付报酬。一段时间以后,调查显示,犯人的死亡率大大降低了,有些运送几百人的船经过几个月的航行竟然没有一个人死亡。可见,科学合理的制度是工作得以高质量完成的关键。

在公司中,如果能够让员工之间相互牵制,就能够加强监督,保证工作按时按量完成,公司的发展目标才有可能实现。

互相控制,完善监管

管理下属时,即使是有缺陷的制度,也胜过没有制度。用制度办事,会比口头发号施令更有力度,也更有效率。虽然不同公司的制度内容和角度各有不同,但出发点都是为了加强公司管理,实现高效率办事。

第二十六章

本土制造，内部晋升
——外来的和尚不一定会念经，
多从公司内部选拔人才

想要公司运营好，优秀人才少不了！在人才的选择和任用上，管理者应该对"本土制造"的人才给予更多机会，而对外来人才的聘用要慎重。创造出企业发展和公司员工个人能力提升的双赢，人才流失问题就不会再成为管理者的烦恼。

1. 给每个人公平的机会

一个明智的管理者，在用人时，会给每个下属公平的竞争机会，平等地对待他们，这样才能使公司的规章制度得到真正实施，员工的工作潜力才能得到最大程度的发挥。

历史上，在齐襄公过世之后，公子纠和公子小白同时都在竞争王位，最后公子小白成功上位。小白在登基之后，便下令在全国缉拿当时为了辅佐公子纠而想刺杀自己的管仲。不久之后，管仲被抓获，小白想杀掉他。可是大臣鲍叔牙提出了反对意见，同时还向他大力推荐管仲为齐国宰相。鲍叔牙对他说："管仲当时刺杀您，是因为当时他辅佐的是纠，为主尽忠是他的本分，现在您想成就千秋霸业，就一定要不计前嫌任他为相，因为以他的才能，他定能助您一臂之力！"

小白觉得鲍叔牙说得也有道理，于是经过再三思索，最终决定任用管仲，并将齐国宰相一职授予他。小白以大局为重，抛弃个人恩怨，任贤为才的管理方法赢得了所有人的尊重和拥护，而这也是他日后能够成长为名垂千古的春秋五霸之首——齐桓公的一个主要原因。

给每个员工公平的机会，不仅可以从普通员工中挖掘出人才，同时还可以打造团队的凝聚力。

给予的机会要公平，同时，如果有人犯错，相关的惩处也要公平。俗话说，王子犯法与庶民同罪。如果有人违反了公司的规章制度，那么，无论这个人身处多大的官职，或是私下和公司老板有多深的交情，作为管理者，都应该秉公处理。世界五百强企业之一的三星公司在管人用人上就有非常严格的制度。公司内部会定期召开会议在各部门进行统计，一旦发现违规者就当场宣布辞退，无论此人身处何职。这种严格的公司制度，无疑是三星企业健康茁壮发展的一个重要基础。

第二十六章 本土制造，内部晋升
——外来的和尚不一定会念经，多从公司内部选拔人才

管理者应该具有发掘千里马的敏锐眼光，对于有潜力的下属，要尽力去多给予他们机会，激发他们的内在潜力，使他们有更广阔的发展舞台；而对于那些违背规章制度的员工，也要毫无情面地采取惩戒措施，给所有人予以警戒，这样，才能使企业的发展得到最大程度地提高。

要公平公正地对待每一位员工

上司对待下属时要一视同仁，在公司的规章制度面前也要做到人人平等，不掺杂个人情感，在公司中建立"以才服人"的思想，使每一位员工得到公平的竞争机会。

2．打破常规使用人才

在人才的选用上，对于真正有才能的员工，管理者要学会灵活应变，打破常规使用人才。公司的规章制度固然重要，但不应死守陈规。在人才录用方面，能够有利于公司发展的有才之士，要适当地打破规章制度的限制，破格录用。

元世祖忽必烈看到一名叫做童安的手下做事干练沉稳，是个不可多得的人才，便想任命他为宰相。但当时的童安只有18岁，在这个年龄就被任命为宰相，无论是在当时还是在前朝都是不曾发生过的。但忽必烈却坚持打破了原有的规章制度，破格任用了童安。事实也证明，童安的能力的确超于常人，在随后的几十年中成为了忽必烈的左膀右臂，为元朝霸业立下了汗马功劳。正是因为元世祖可以根据当时的朝中需求，没有墨守陈规，选择了破格录用人才，才成就了历史上的这一段佳话。

管理人才同样如此，领导者应具有更为开阔的眼光，应全面、客观。对于能力突出的职员，可适当放宽条件任用或提拔，这也是体现公司人性化的一个方面。比如，西门子公司在检验人才时，采用三个角度来考察，分别是：专业知识、工作经验和个人潜能。

西门子公司的管理者认为，第三点是尤其重要的一点，因为个人潜能是可以被无限激发的，也是最能带给公司惊喜的一部分，所以对于能力超群或者可塑性很高的职员，若日后表现优秀，公司就会毫不吝啬地打破常规，进行提拔或者升职。这种人性化、多面化的管理方法使得西门子公司能够不断进行创新，在企业竞争压力巨大的今天依然能够稳坐一席之地。

在企业管理和经营中，可以借鉴《道德经》中的一句名言：道可道，非常道；名可名，非常名。规章制度是一个公司的基本纲领，但制度是死的，人是活的，不应让死物去限制人才的发展，更不能因为一纸纲领造成人才的流失。企业管理中要体现"以人为本"，在录用和选拔人才时更应如此。

使用人才要学会变通

企业管理应灵活多变，对人才的评定不要仅仅局限于学历、经验等硬件要求上，对于那些有发展潜力和工作能力突出的人，要勇于打破常规使用人才，他们往往会为企业创造出意想不到的惊喜。

3."本土制造"的人才更好用

俗话说，"外来的和尚会念经"，但这句话未必适用于公司的人才选聘。

第二十六章 本土制造，内部晋升
——外来的和尚不一定会念经，多从公司内部选拔人才

管理者选拔人才时，应首先从公司内部入手，实践证明，"本土制造"的人才更好用。

首先，"本土制造"的人才对公司的了解更为全面。外来的人员即便优秀，也要有一个逐渐适应的过程，而每个人的适应时间也有差异，这段时间，他们并不能为公司发展带来实质性的提高，甚至可能使公司走向不必要的弯路。而公司里的内部员工却不同，他们对公司的每一项制度和决策都有深刻的了解，知道企业发展中需要什么，更加具有发言权。所以与其在企业外部寻找人才，不如就在企业内部寻找黑马。如果对于身在自己办公室里的人才，管理者却迟迟没有发现，这绝对是个遗憾。

那么怎样才能发掘本公司有能力的员工呢？首先要激发他们的潜能，千里马需要得到伯乐的赏识才能发挥日行千里的本领，企业管理也是一样，管理者要具备发现员工内在工作潜力的眼光；同时要在企业内部形成良好的竞争氛围，鼓励员工多进行创新，对有发展前途的员工多进行奖励或者晋升，以此来调动员工的积极性。

总之，一旦管理者发现有能力、有想法的人才，就要想尽一切办法将其留住，竭力为公司服务。多给予他们展现自我的平台，多些褒奖少些批评。"本土制造"的员工被提拔之后，往往能够提出十分中肯的意见，这样的员工越多，公司的发展前景才会愈加广阔。

用技巧激发公司中的黑马

选取人才要先从本公司下手，每个公司中都蕴藏着黑马，他们是最了解自己公司运营的人，想办法激发他们的思维和工作潜力。完善公司用人体制，在公司里营造良好的工作竞争氛围，黑马自会出现。

4．责任心，上进心，企图心

　　一名优秀的员工，除了优秀的工作能力以外，思想和心里也必须同样优秀。胸无大志之人必定无法走上成功之路，一个真正的人才，"责任心"、"上进心"和"企图心"，缺一不可。

　　责任心是做好事情的基础。托尔斯泰曾说过："一个人若是没有热情，他将一事无成，而热情的基点正是责任心。"一个人有没有责任心，从为人处事的细节中就不难发现。一个有责任心的员工，会按照上级的规定完成自己的任务，不拖泥带水，遇到问题时会进行自我反省和批评。而将"这个不是我负责的"，"这个不是我的错"经常挂在嘴边的员工，责任意识比较淡薄，管理者应该对这样的员工多加提醒，同时要进行批评教育，使其改正。

　　上进心是一个人前进的动力。上至企业的管理者，下至普通的公司员工，都需要一颗想向前发展的决心。许多功成名就的大企业家，其实最初都是从小伙计开始奋斗的，他们最后能够成功的一个重要原因，是因为他们拥有一种自信、上进的心态。一个人无论起点是高是低，只要心中想向高处发展，并肯为之付出努力，就都会有成功的机会。所以企业若想不断壮大，需要公司中每个员工都有不断向上攀登的信念。

　　企图心就是个人的野心，俗话说，不愿意当将军的士兵不是好士兵，每个人都有想要走向高处的野心，这种野心可以激发个人的能力和干劲。在企业管理中，管理者需要有这种扩张企业的野心，它可以使管理者洞察到更广阔的发展机会，使公司做到更大更强。对于公司员工来说，企图心可以提高他们的公司业绩，使自己得到更广阔的发展平台，在服务了公司的同时也提高了自己。

第二十六章　本土制造，内部晋升
——外来的和尚不一定会念经，多从公司内部选拔人才

要注重员工的内外双修

企业管理人员要更加注重对员工心理的管理，激发他们完善自己的动力，增强他们的责任感，鼓励他们向更高的一层迈进，不要遏制他们向上发展的劲头和野心。

5. 慎重使用空降兵

在现代的企业发展中，很多公司为了在竞争中立于不败之地，都在竞相使用空降兵，甚至不惜重金去挖人才来为自己的公司献计献策。然而，并不是所有外来的人才都适合本公司的发展，盲目的使用空降兵，很有可能会使企业走上弯路，所以管理者对此应慎重考虑。

现代企业竞争压力巨大，很多企业的管理者迫切地想对自己的企业进行升级和改革，如果企业内部没有合适的人才可以任用，他们便会把目光对准空降兵，这便促使了空降兵的发展和壮大。对于空降兵，很多人评价他们是"非常之时用的非常之人，"所以企业领导往往对他们期望很高，希望他们能够立刻带公司步上一个新台阶。可是，大多数时候，由于刚刚进入一个不熟悉的工作环境，对公司还没来得及进行深入的了解，所以空降兵们并不能立即就提出对公司发展大有益处的建议。更糟糕的是，如果由于不熟悉业务而提出与企业发展不适合甚至相悖的建议，那么就很可能使企业走上了歧途。

空降过来的人才即便再优秀，也不如本公司的员工了解公司的情况，所以在决定任用空降兵时，应再三思索，使用时也要给予他们更多的时间，让他们全面地了解公司。对于他们提出的建议，管理者也应仔细分析后再

决定是否实施。空降兵是人不是神,他们也无法保证自己提出的每一个提案都是准确无误的,这就需要管理者敏锐的判断力和前瞻性,相互配合到最好。

其次,若想让空降兵的"威力"发挥到最大,需要企业内部的员工、管理人员与之相配合,不要将其孤立出去,更不要对其产生猜忌怀疑。既然选择,就要相信。一个空降过来的人才,要想让他提出具有建设性的意见,就要让他真正地融入到公司的环境中去,为其建立出一个和谐的工作氛围,并主动向他提供全面的公司资料并进行讲解。当空降兵感觉自己真正成为了公司的一分子的时候,就会放下孤立的心态,从而开阔思路,提出更为可靠的意见。

空降兵使用有诀窍

对空降到公司的人才,不要给予他们太大的压力,要让他们充分地了解公司,同时为他们创造出轻松的环境,这样才能促使他们想出更多的好点子。当然,企业的运营也不能完全依靠外来人才,公司各个部门互相配合,建立起平衡的用人体制才是根本所在。

6. 帮助有贡献的员工成长进步

在现代企业里,对公司有所贡献并且能帮助企业成长的员工,管理者也要帮助他们个人的成长与进步,从而实现企业和个人的"双赢"。

商业大亨李嘉诚在商界一直被同行们钦佩,他的成功除了源于敏锐的

第二十六章　本土制造，内部晋升
——外来的和尚不一定会念经，多从公司内部选拔人才

商业眼光和独到的经营手段之外，还在于他选人和用人的计谋。在人才的任用上，他常说的一句话就是："只要是对公司有贡献的人，我就会帮助他进步。"这种聘用人才的手段实现了企业和个人发展的双赢，也就赢得了手下人才的信任和支持。

跟着李嘉诚一起干的很多人，最后在商界都名声大赫，他们在为公司奉献自己的同时，公司也同样成就了他们。先后在长江实业有限公司任职的麦里思、理察信和马世民，都受到了李嘉诚的信任和重用，他们为公司创造了优秀的业绩，同样李嘉诚也成就了他们个人的辉煌，当他们离职时，自己的身价也因为在"长实公司"任职和被李嘉诚的提拔而大大提高。

在公司里，员工和老板的关系应该是鱼和水，相互依存，互不可分。有前瞻性的企业管理者，会将精力放在员工的培养和促进员工的进步上，只有公司里每个员工的职业素质和能力都得到了提高，整个公司才能向前更进一步。

李嘉诚会用人不仅体现在他看中现有人才，还体现在他大力培养适合公司发展的青年才俊上。李嘉诚看中了"长实"元勋周千和的儿子周年茂，在周年茂的学生时代就开始培养他，并送他去英国学习法律，回国之后就立即任命他为公司发言人。两年后，周年茂不负众望，在公司中成为佼佼者，李嘉诚就将他任命为董事。不得不说，在选人用人方面，李嘉诚的高瞻远瞩和对人才的洞察力值得所有企业高管学习。

个人和企业发展应同时兼顾

在任用人才方面，管理者应具有前瞻性，一个优秀的企业老板应该知道，留住人才的最好方式，就是让人才自身的价值得到体现，在企业中实现自我价值，人才就不会流失。

第二十七章

人才退出，应对有法
——铁打的营盘流水的兵，有退路才有出路

公司员工素质良莠不齐，取精去糟使公司更好地发展也是天经地义之事。辞退员工有技巧，对请辞和退休员工的态度也决定着公司的内部口碑。离职员工也是公司的形象速成者，只有真正尊重与公司相关的每一个人，才能得到业界的完全尊重。

1. 让离职的人说出真心话

在现代企业管理中，管理人员通常只注重刚入职的和在职的员工，却往往忽视离职的员工。一般来说，离职员工很少能够得到企业的重视与尊重，如果管理者在这方面做得不够到位，那么就很可能会让企业失去一大批中肯的意见，因为从离职员工那里，管理者往往可以收获很多良好的建议。

那些继续在企业任职的员工，因为个人利益关系，对于企业发展中的弊病和缺陷，不能直接提出，而离职的人员就不会有这种担忧，所以，他们的意见往往对于企业的发展有着举足轻重的作用。所以，作为管理者，一定要想方设法让离职员工说出真心话。

（1）给予离职员工基本的重视和尊重，耐心聆听他们的话语。

和即将要离职的员工进行交流时，要注重他们曾经对公司作出的贡献，对他们的努力作出认可和肯定，给他们未来的个人发展提供一些小的建议，表示出公司对他们未来的关心，让他们感觉到温暖和即将要离别的不舍。当他们心里感觉不到隔阂时，对于公司未来的发展方向和需要改进的地方就会提出很多建议。

（2）对离职员工提出的意见和不满求同存异。

离职员工提出的建议中，吸取可以借鉴和改进的地方，并对他们的观点表示赞同，而对于那些不太属实或者存有疑议的地方，也不要与他们起争执，沉默往往是更好的应对方式，有利于保证和谐的谈话氛围。某些被辞退的员工也许会对公司有所抱怨，对于这类情况要婉转地予以劝解，想办法安抚他们不满的心态，千万不要摆架子，更不要对此露出鄙视和不满，只有在平等轻松的氛围中，才能促使离职员工说出内心的话。

离职的人员，他们是最没有顾虑和利益牵绊的群体，也有可能是最了

第二十七章 人才退出，应对有法
——铁打的营盘流水的兵，有退路才有出路

解公司需要的人，即便由于各种原因公司无法留住他们，也要留住他们的真心话。如果管理者能够真正的正视离职者，尊重他们，那么他们就会以中肯的建议来回报公司。

对入职员工有要求

对离职者的管理，是人力资源管理者的任务，使离职员工说出真心话，也是人力资源管理者应该具备的能力。企业管理者重视离职员工的同时，也要提高入职员工的素质和人际交往的能力。

2．辞退员工时要婉转

辞退员工是一门很深的学问，绝不是简单的结账走人。其中有一个很实用的方法，那就是婉转地表达辞退的意思，这样做可以在很大程度上避免员工作出某些伤害公司和自己的极端行为。作为管理者，要做到既解决了不适合企业发展的人，又不会损害到企业的形象和员工的自尊心。

首先，对员工的辞退信息要进行严格的保密，这关系到员工的颜面和自尊心。同时告诉员工被辞退的消息时也要婉转，语气平和，对其自身能力多些肯定，多用一些诸如"你的能力不错，发展潜力很大，只是不太适合本公司的工作"等委婉性的语言，切忌用批评性指责性的语句否定员工。

其次，在辞退员工时要看准时机和环境，尽量选择单独的环境告诉员工被辞退的消息。一般来说，可以选择接近下班的时段或者节假日的前一天，这样也可以避免其他员工无意听到或者看到而给被辞退的员工造成困扰。

此外，对于员工的薪资待遇和辞退赔偿问题，要速战速决，千万不要在这方面拖泥带水，也不要在薪资问题上亏欠被辞员工，否则会让本来就失去工作的员工更加不满，从而说出一些损害公司形象的话语或作出某些伤害公司的极端行为。

另外，还有一个方法在辞退员工时很有效。老子曾说过："将欲废之，必固兴之；将与取之，必固与之，是谓微明"。运用到企业管理中，就是说如果想要裁掉一个不合格的员工，就要先将他抬升到更高的位置，等到他无法胜任此位，犯下错误，再找到合适的理由对他进行劝退。如果想要找人替代他的职位，就要先让他稳稳地在这个职位中安坐，等到他觉察不到危机感，心生懈怠，再解聘他下台，找到更合适的人才来胜任此位。

这种方法的高明之处在于可以让被解雇的员工自动请退或者对自己的失职心怀愧疚之情，即便被解雇的时候也不会有怨言。这样就可化解员工被辞退时和企业管理者的冲突，做到和平解散。

另外，现在的许多企业采用"末位淘汰制"的原则来淘汰能力不足的员工，这样公平公开的方法得到了大多数员工的赞同。公司会定期对员工的业绩进行评定，处在业绩最后的员工就要遭到公司的解聘，这种方法激发了员工工作的动力，提高了工作的效率，同时也消除了辞退员工时的冲突，缓解了企业管理者和被辞员工的不愉快。

企业在用人方面，难免会遇到一些不适合企业发展的员工，辞退员工的事情也常有发生。只有将这方面安排妥当，有技巧地辞退不需要的员工，才能避免掉不必要的麻烦，为企业的健康快速发展解决后顾之忧。

辞退员工有技巧

面对被辞退的员工,也要给他们充分的尊重,奉行"买卖不成仁义在"和"好聚好散"的原则,千万不要与人为敌,这样才能使得在职的员工安心地工作。

3. 让有功之臣和平退出

在企业的高层管理人员中,功劳过大的管理者往往会对老板造成潜在的威胁和巨大的压力。对于企业老板来说,如何才能解除这些功劳过大的管理人员对自身的威胁,同时还能不伤和气、维持企业和自身的形象,绝对是一个难题。

"功高盖主"的人,往往是企业的隐患,然而他们却也是企业建立之初的元勋,具有着广阔的人脉和坚实的权力,所以让他们和平退出是最好的解决方式。

对于这个问题,历史上做得最成功的是宋太祖赵匡胤,他仅用了一招"杯酒释兵权",就瓦解了所有的潜在危险。宋太祖在建立宋朝之后,发现唐末以来的藩镇割据尤为严重,为了增强自身的权力,一天晚上他以喝酒为由,将禁军高级首领石守信、高怀德等留在宫中。酒意正浓时,宋太祖感慨皇帝不好当,暗指石守信等人可能会推翻他的统治,禁军首领们听出话中有话,连忙跪倒在地,请求宋太祖指明一条生路。宋太祖让他们交出自己的兵权,告老还乡,颐养天年。第二天,酒席上的那些人就开始纷纷称病告退，并请宋太祖辞去自己的职务，宋太祖一一批准。就这样，宋太祖不费吹灰之力就把禁军首领手中的权力回归到了自己手中，从而壮大了自己的统治力量。

宋太祖之所以这样做，是因为他知道这些人手中握有实权，若是采取强硬措施，一来似乎有些名不正言不顺，很难得到其他官员的支持，二来还担心他们会造反。所以他想出了这样一条和平的措施，使得他们主动交出自己的权力。

在现代的企业管理中也如此，在对那些权力过大的高层管理人员进行裁撤时，就不能像裁剪普通员工一样付清工资就相安无事，因为他们往往掌握着公司的核心机密，所以要让他们发自内心地退下来，不能采取强硬措施。要更加动用心思，做到不伤和气，不伤利益，这方面可以借鉴宋太祖的做法，选择在私下的酒桌上进行，或是比较适合谈话的相对轻松的环境进行。话语也要婉转内敛，既要让对方听出自己的意思，又不要点明，在个人利益和薪酬方面，尽量满足他们的需求，让他们做到和平退出。

注重企业中权力的分配

辞退员工对许多领导来说都是一件头疼的事情，如果裁撤的对象是为公司的发展作出过很大贡献的中层管理者，老板们自然会更头疼。这时候，不妨借鉴一下宋太祖的"杯酒释兵权"，在平和的状态与他们进行平等的沟通，以理服人，让他们在和平的状态下自愿退出。

第二十七章　人才退出，应对有法
——铁打的营盘流水的兵，有退路才有出路

4. 谨慎地对待离开的老员工

企业人才管理中，对待员工不应只停留在表面的雇佣关系上，而是要切实关注员工的利益，站在员工的立场多为其着想。因为他们的言行，往往会给企业带来不小的影响。

每位员工对待自己所在的公司，都会有一份认同感和归属感，所以只有让他们感觉到公司重视他们，员工们才会长久地为公司服务。而那些已经离开公司的员工，也在用自己的言行对公司进行着评价，如果对待老员工的方式有所不妥，就会影响整个公司的凝聚力。在人性化的举措中，日本的松下集团就十分值得企业的管理人员去学习。

松下公司有这样一项举措，在员工退休的前十年，员工就可选择回到家乡的松下公司去工作。日本的退休年龄是 60 岁，当他们工作到 50 岁的时候，就可以去公司申请"家乡工作挑战登记制度"的申请表，填过表格后，员工就能够回到家乡去工作。这样，上了年纪的老员工们就能够继续保持着工作中较高的工作效率，同时也能够避免大城市中不利于老人生活的环境污染。

这项体恤高龄员工的人性化举措自实施以来就在公司内部备受好评，老员工们没有任何怨言，新员工也充满着干劲，整个公司的凝聚力得到了空前的提高。

一个企业能否成功的关键，不只是看竞争力的强弱，公司内部的凝聚力和团结性也是一个至关重要的因素。一个公司的口碑如何，不但要听取在职人员的意见，也要听取离职员工的评价。员工的口碑，公司的凝聚力和战斗力，才是企业制胜的最重要法宝。

对老员工要更加尊重

企业中老员工也是重要的一份子，对于那些已经退休的员工，要适当采取某些人性化的补助措施；对那些由于某些原因离职的老员工们，也要谨慎对待，尊重他们的选择，做到好聚好散。

5．留意员工的跳槽前兆

在公司的管理运营中，不可能保证所有的员工都能够永久自愿留在公司，员工跳槽的事情时有发生。虽这种情况无法阻止，但总有一些前期迹象可寻。所以管理者在平时的工作中，要留意员工跳槽前的预兆，并合理想出解决措施，将人才损失降到最低。

员工准备跳槽时，会提前在各种行动上产生暗示，平常的言行举止都会与以往大不相同。第一阶段体现到的就是缺乏干劲，不再像以往那样充满活力，在开会或者员工间进行讨论时多半会沉默不语，给人一种心不在焉的感觉。

接下来，他们的工作质量和业绩都会不断下降，工作效率开始降低：方案的合格度降低，有时还会出现工作延期的情况。

第三阶段便是在上班期间接打个人电话的次数增多，打电话也多半会去较为隐秘的地方，不想让他人听到谈话内容，同时他们的心情也会变得较为忧郁。这时候，管理者应多与他们进行交谈，尽量帮他们解决在工作中遇到的某些麻烦或者挫折。

到了第四阶段，也就是员工已经决心跳槽的时候，他们请假的次数会逐渐增多起来，来公司的时间越来越少，这时，他们的跳槽行为也接近了

第二十七章 人才退出，应对有法
——铁打的营盘流水的兵，有退路才有出路

尾声。

对于这些想要跳槽或者出现跳槽前兆的员工，企业管理者要适时对员工进行沟通和心理疏导，尽量对其进行挽留，如若员工执意选择离开公司，管理者就要尽早打算出顶替离职员工职位的人手，将员工跳槽的损失降到最低。

员工跳槽早预防

人事主管要具有敏锐的洞察力，随时留意身边员工的一举一动，一旦发现员工有跳槽的前兆，就要及早采取挽留措施或接替的人手，管理者也要在公司建立健全的用人制度，防止公司频繁发生员工跳槽的事件，影响员工的工作心态。

6．防止员工频繁跳槽

一个公司想要平稳地向前发展，首先内部要团结稳定，而员工的频繁跳槽则会搅乱公司内部稳定的秩序。一般来说，员工之所以选择跳槽，都有各自不同的原因，如果想留住他们，管理者就要真正了解了他们的需求。

公司管理者对待员工首先要尊重和爱护。现代企业中企业家和员工的关系不再仅是简单的雇佣关系，而是鱼和水的关系，相互依存，无法分割。公司就像一个大家庭，每位员工都是家庭中的一份子，为家庭服务。明智的管理者，应该明白不同的员工只存在职位上的高低，而不存在工作上的贵贱，所以要做到尊重每一个岗位中的员工，无论职位高低。这样做才会让员工对公司产生归属感和亲切感，从而不遗余力地为公司服务，而不是想着怎样脱离公司。

公司要让员工在工作中实现企业和个人发展的共赢。员工为公司鞠躬尽瘁，最重要的一个原因就是为了实现自己的人生价值，在为公司奉献自己的同时得到自身的认同和发展，实现个人与公司共同发展。所以企业管理者在要求员工为公司服务的同时，也要帮助他们实现自己的个人发展和人生价值。在平时的工作中，管理者要对员工多进行鼓励性，对于那些有能力的员工，更要多多提拔和重用。当员工能够在自己的岗位中实现自我发展和提升并得到自我认同之后，他们就会踏实地继续坚守在自己的岗位上，不会动起跳槽的念头。

此外，要信任自己手下的员工，多给他们展现自我的机会，不要因为一次小错误就放弃任用他们。有时候，多给员工一次改过自新的机会，往往员工会拿更好的成绩来回报你。

了解需求，预防跳槽

员工所需要的东西，无非是两种，物质上对他们的肯定和精神上对他们的肯定，只要从这两方面满足他们的需求，人才就不会频繁地溜走。